Lothar Schneider · Soziale Vernetzung

Lothar Schneider

Soziale Vernetzung

Elemente für eine christliche Gesellschaftslehre

Verlag Friedrich Pustet Regensburg

CIP-Titelaufnahme der Deutschen Bibliothek

Schneider, Lothar:
Soziale Vernetzung : Elemente für e. christl. Gesellschafts-
lehre / Lothar Schneider. – Regensburg : Pustet, 1988
ISBN 3-7917-1174-1

ISBN 3-7917-1174-1

Umschlagmotiv: Leonardo da Vinci – »Der Mensch in Kreis und Quadrat«
Umschlaggestaltung: Peter Loeffler, Regensburg
Gesamtherstellung: Friedrich Pustet, Regensburg
Printed in Germany 1988

In Dankbarkeit

gewidmet

Joseph Kardinal Frings
(1887–1978)

und

Joseph Kardinal Höffner
(1906–1987)

Inhalt

Geleitwort

Die »schwingende 36-Stunde-Woche« ist in der Bundesrepublik Deutschland inzwischen zu einem Begriff geworden: Die Mitarbeiter eines Unternehmens arbeiten nur noch an vier Tagen, die Anlagen jedoch werden an allen sechs Werktagen genutzt; der Sonntag bleibt unangetastet.
Als diese Idee des heutigen Regensburger Sozialethikers Professor Dr. Lothar Schneider im Juni 1982 erstmals an der Universität Bonn der Öffentlichkeit vorgestellt wurde, da dachten wohl nicht wenige, dieses Arbeitszeitmodell sei »zu schön, um wahr zu sein«. Plötzlich wurden aus zwei nun *drei* Arbeitsplätze zum »Investitionsnulltarif«!
Inzwischen hat Schneider sein Modell landesweit in Vorträgen, Presse, Funk und Fernsehen erläutert und dessen Brauchbarkeit auch für Kleinunternehmer aufgezeigt. So hat z. B. ein Friseur, der montags in der Frühe sein Ladenlokal aufschließt, an diesem Tage seine Miete schon verdient.
Bei einem kapitalintensiven Unternehmen, das samstags etwa bis 15.00 Uhr arbeitet, sinken die Kosten zur Finanzierung der Maschinen und Anlagen verständlicherweise noch viel schneller. Ja, sie sinken sogar schneller als die Lohnkosten steigen! Deshalb braucht es nicht zu überraschen, daß inzwischen das BMW-Werk in Regensburg – seit Mai 1988 – die »schwingende 4-Tage-Woche« bei *vollem Lohnausgleich* einführen konnte.
Vor allem aber profitieren die Menschen und ihre Familien – besonders die Arbeitslosen – durch dieses Modell, wie Schneider hier gleich in *zwei* praxisnahen Beiträgen aufzeigt.
Wie ideenreich der Autor als Priester auch auf anderen Feldern *neue* Lösungen vorzuschlagen weiß, davon gibt das hier vorgestellte Buch beredtes Zeugnis.

Taufkirchen, den 3. Juni 1988

Josef Stingl

Prof. Dr. h.c. Josef Stingl
Präsident der Bundesanstalt für Arbeit a. D.

Vorwort

Nicht wenige Menschen blicken heute mit großer Faszination auf die »Spitzenleute« in Wirtschaft und Politik, Adel und Sport, Kunst und Wissenschaft, Kirche und Gesellschaft. Das, was diese Menschen sagen und tun, scheint die Welt, scheint die Geschichte zu prägen. Die »Welt der Nachrichten« jedenfalls ist fest in ihrer Hand. Was der »kleine Mann« bzw. »die Normalverbraucher-Frau« denken und tun, erscheint demgegenüber kaum einer Meldung wert. Sicher finden z. B. Leserbriefe beim Publikum großes Interesse. Doch werden diese – so denken nicht wenige – den Weg der Geschichte beeinflussen? Das schafft vielleicht – folgt man der Auswahl der Medien – eine Bombe in Nordirland, im Libanon oder im Gaza-Streifen. Deshalb werden wohl gerade solche Ereignisse so eifrig ins Bild gerückt und kommentiert: Das ist Weltgeschichte! Was aber die »kleinen Leute« denken und tun, das erscheint so gut wie ohne jeden Einfluß. Ist das *wirklich* so? – Hier sei die Behauptung gewagt: Tatsächlich ist es *vielfach umgekehrt!* Der Einfluß der großen Führer und Vorsitzenden, Kommissionen und Experten wird im Laufe der Zeit weiter abnehmen wie einst die Macht der Fürsten, Könige und »Immerwährenden Reichstage«. Ähnliches gilt für die Fernsehunterhaltung: Die kleine »Talk Show« erweist sich immer mehr als Zuschauermagnet, die klassische »Big Show« hat ihren Höhepunkt überschritten. Nicht von der *Spitze* kommen in aller Regel die Erfindungen oder Reformen, vielmehr bahnt sich das Neue – für viele fast unmerklich – »von unten« an. Und diesem Fortschritt »von unten«, von engagierten einzelnen und kleiner »Kreise« steht eine sehr wirksame Erfolgsstrategie zur Verfügung: SOZIALE VERNETZUNG. Wie sie funktioniert und was sie alles leistet, soll auf den folgenden Seiten erfahrbar werden. Auch für Theologie und Kirche kann sie von großer Bedeutung sein. Vielleicht knüpft der Leser seinerseits mit an einem solchen sozialen Netzwerk.

Regensburg, im Herbst 1988 Lothar Schneider

1 Soziale Vernetzung

Vorüberlegungen

In den vielfältigen Formen des Lebens sucht die Wissenschaft das Gemeinsame, das Einigende zu finden. Ist sie dabei erfolgreich, so braucht das Gefundene einen Namen, damit man es schnell benennen kann, will man mit anderen darüber sprechen und das Erkannte weitervermitteln. Dieser Name wird durch genaue Umschreibung zum »Begriff« und gewinnt dann oft eine gewisse Eigenständigkeit. Hilfreich kann solch ein Begriff für die Menschen dadurch werden, daß sie ihn – wie eine Lesebrille – als Sehhilfe nutzen, um die Wirklichkeit besser zu erkennen. Was vorher eher wie ein bloß buntes, zufälliges, unverbundenes Nebeneinander erschien, zeigt sich jetzt in seinem inneren Zusammenhang. Wer so die Beziehungsverflochtenheit der Wirklichkeit tiefer durchschaut, der kann auch rechtzeitig Trends zutreffend vorhersagen und braucht nicht »mit hängender Zunge« hinter der Entwicklung herzulaufen, die er dann zudem meist nicht mehr beeinflussen kann.

Ein neuer Begriff

Als Bischof *Franz Kamphaus* anläßlich der Feier »750 Jahre Limburger Dom« vor vielen prominenten Gästen und den Kameras des Fernsehens seine Festrede hielt, da sagte er mit Bezug auf das »Weltenhaus«, es sei »vernetzt wie die Steine des Domes«[1]. Das Wort »vernetzt« mag mancher Zuhörer bloß der großen sprachlichen Ausdruckskraft des Limburger Bischofs zugeordnet haben, tatsächlich aber handelt es sich um einen bei wissenschaftlichen Analysen immer häufiger verwendeten Begriff: »vernetzen« bzw. »Vernetzung«[2].
Im englischen Sprachraum ist der Begriff »network« wohl schon längere Zeit von größerer Bedeutung als entsprechende deutsche

Wörter und ihre sprachliche Verwendung. Die Soldatensender »AFN« und »BFN« – »American bzw. British Forces Network« – verliehen im Nachkriegsdeutschland dem Wort »network« einen gewissen Bekanntheitsgrad. Heute ist es ein moderner Begriff amerikanischer Wissenschafts-[3] und auch Alltagssprache. Im Wort »network« stecken zwei Aspekte: Einmal »Netz*werk*«[4]; damit wird statisch das *Ergebnis* eines Prozesses beschrieben. Hierfür werden auch die Wörter »pattern«, »Muster« oder »structure«, »Gebäude«, »Organismus«, »Struktur«, »Anordnung«, »Gefüge«[5] gebraucht, ein anderes Mal »Netz*arbeit*« im Sinne von »Vernetzung«. Damit ist ein dynamisches Moment angesprochen.

Der statische Aspekt von »Netzen«

Seit Menschen mit Netzen Tiere, vor allem Fische, fangen, ist der Urtyp aller Netzwerke bekannt und als Werkzeug geschätzt. Hierbei braucht nicht so *gezielt* vorgegangen zu werden, wie beim Erlegen bzw. Fangen mit Pfeil und Angelhaken. Der Jagderfolg stellt sich mit Hilfe von Netzen *relativ leicht* ein. Er ist das Ergebnis einer klug angelegten »Strategie«, die, wendet man sie richtig an, geradezu »automatisch« zum Jagdglück verhilft. Grund für solchen Erfolg sind wohl die weitflächigen, ja, dreidimensionalen Einsatzformen (vgl. Fischreusen), die »Netze« ermöglichen. Der »Igel vieler Knoten« ist jeweils schon da, wenn der gejagte »Hase« dort eintrifft. Das Netz ist gleichsam eine technische Form symbolischer – was keineswegs heißt unwirksamer – Anwesenheit des Jägers, sprich allgemein: des Menschen.
Nun war es wohl kaum eine solch' gedankliche Betrachtung, die die Menschen veranlaßte, diese erfolgreiche Strategie auch in andere Bereiche zu tragen und dort neuartige »Netzwerke« zu bauen, obwohl es im Grunde um das gleiche Prinzip geht, nämlich, Menschen bzw. Dinge an anderen Orten real oder wenigstens symbolisch anwesend zu machen. Als die ersten Straßen, Schifffahrtswege, Eisenbahnen, Flugverbindungen und Telefone errichtet wurden, da stand *zunächst* der *lineare* Effekt im Vordergrund. Man sprach ganz selbstverständlich von Eisenbahn*linien,* Schifffahrts*linien,* Flug*linien* bzw. von einer Telefonverbindung von A

nach B. Erst als die Anzahl solcher »Linien« immer mehr zunahm und die *Querverbindungen* ausgebaut wurden, bemerkte man – gleichsam im nachhinein –, daß auf diese Weise »Netze« entstanden waren: Straßen- und Autobahnnetze, Eisenbahnnetze, U-Bahnnetze, Telefonnetze. Solch' technische Netze – man wird sie der Infrastruktur zurechnen – erhöhen die Effizienz eines Systems ganz erheblich, wie zwei Beispiele erhellen sollen.

Nehmen wir an, in den 50er Jahren hätte die Frage gelöst werden sollen: »Wie kann der Kraftfahrzeugverkehr zwischen Köln und München verbessert werden?« Der *eine* Vorschlag hätte gelautet: Die Autobahn »Köln–Stuttgart–München« solle vierspurig ausgebaut werden. Der *andere* Vorschlag hätte den ergänzenden Bau einer Autobahn »Köln–Würzburg–München« favorisiert. Es wird sich aufgrund einer Vielzahl von Argumenten leicht zeigen lassen, daß der zweite Vorschlag der bessere ist. Wenn z. B. Nebel über der Stuttgarter Linie liegt, dann könnte die Würzburger Autobahn bessere Wetterbedingungen aufweisen. Ist für die Würzburger Linie »überfrierende Nässe« gemeldet, könnte die westliche Autobahn von einem »Hoch über Frankreich« profitieren. Aber auch der *Anbindungseffekt* benachbarter Städte und Dörfer dürfte für zwei Autobahntrassen, statt für eine Super-Autobahn, sprechen. Gründe wie Gütertransport, Fremdenverkehr oder auch Landesverteidigung ließen sich leicht entfalten.

Ein zweites Beispiel aus der Welt des Telefons sei hier angefügt: Jemand sei seit kurzem mit einem jungen, erfolgreichen Bundespolitiker befreundet, der zwei Wohnsitze habe, in seiner Heimat Regensburg und in Bonn. Ferner habe er ein »Refugium« in der Eifel, dessen Telefonnummer nur ganz wenige kennen, nicht einmal der neue Freund. Als dieser ihn aber gerade unter der Geheimnummer unerwartet und höchst dringend von Hamburg aus erreichen möchte, fällt ihm folgende Lösung ein. Er ruft die Eltern seines Freundes, die heute in Nürnberg wohnen, an und bittet diese, sie möchten ihren Sohn in der Eifel anrufen und ihn veranlassen, eine bestimmte Telefonnummer in Hamburg anzuwählen. Auf diese Weise erreicht den Politiker die wichtige Nachricht nach bereits fünf Minuten. Der »Netzeffekt« hat es möglich gemacht!

Die Vorteile solcher »Netzeffekte« werden auch im kaufmännischen Bereich zunehmend erkannt und genutzt. So erwarb vor einiger Zeit eine große Wohnungsbaugesellschaft eine kleinere. Im Wirtschaftsteil der Kölnischen Rundschau war hierzu zu lesen: »Das *Vertriebsnetz* war denn auch der eigentliche Grund für das Interesse«.[6] Daß die modernsten Computersysteme aus Netzwerken bestehen, die »das Prinzip der verteilten Intelligenz« zu nutzen wissen, wird inzwischen einer immer breiteren Öffentlichkeit bewußt[7].

Netzformen und Effizienz

Daß die gesamte Wirklichkeit und nicht zuletzt auch unser Körper[8] von »Netzwerken« durchzogen ist – das »soziale Netz« erweist sich aus der hier skizzierten Sicht als ein wenn auch bedeutsamer Unterfall einer Netzwerk-Theorie[9] –, mag durch die angeführten Beispiele und obigen Überlegungen bereits anfänglich deutlich geworden sein. Doch eine Frage ist dabei noch völlig offengeblieben: Gibt es Netzformen, die leistungsfähiger sind als andere? Hier

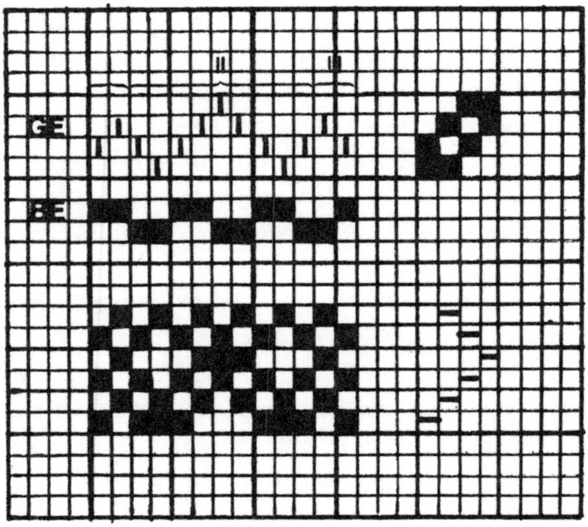

Das Schaubild zeigt ein Webmuster, das die schwedische Autorin *Lisa Melén* veröffentlicht hat[10].

wird man wieder zwei Aspekte unterscheiden können: Einmal den Grad der *Dichte* eines Netzwerkes, zum anderen die *Ausformung* des Netzwerkes in symmetrische bzw. asymmetrische Netzformen.

Kleine oder große »Maschen«?

Wenden wir uns zunächst der Frage nach der »Dichte« zu, so wird man sagen können, daß die »Maschengröße« des Netzes sich nach der »Größe der Fische« zu richten hat. Will man feine Sardinen fangen, so wird man kleine Maschen knüpfen müssen. Entsprechendes gilt für Mosaikbilder, Webmuster, selbstverständlich auch für die Bildschirme unserer Fernsehgeräte.
Je kleiner die Mosaiksteine, desto detailreicher wird das Bild. Für laserstrahlscharfe Lichtpunktmuster auf den in der Entwicklung befindlichen großen Flachfernsehbildschirmen ist deshalb – vor allem bei dreidimensionaler Darstellung – eine hervorragende Bildqualität zu erwarten, weil der Wirklichkeitseffekt eines solchen Fernsehbildes mit dem »live-Blick« des Zuschauers gleichzieht. *Hier* gilt: »Kleine Netze« verbessern die Qualität der Abbildung[11].
Es können aber auch »*große* Maschen« für bestimmte Ziele erforderlich sein. So haben US-amerikanische Wissenschaftler in New Mexico ein computergestütztes Synthese-Radioteleskop gebaut, das aus 27 Antennen von je 25 Metern Durchmesser besteht. Diese können auf einem Schienennetz von 19 mal 21 Kilometern gesteuert werden. Daraus ergibt sich eine Leistung, die einer Antennenschüssel von 38 Kilometern Durchmesser entspricht. Der »Netzeffekt« macht's möglich[12]!

Symmetrische oder asymmetrische Netzformen?

Trifft man auf eine *komplexe* Situation, so wird man nicht fragen dürfen: »Kleine *oder* große ›Maschen‹?«, sondern man wird ein Netz aus kleinen *und* großen »Maschen« entwickeln müssen. Dies entspricht der Struktur von »Ja- und Nein-Lösungen«, die bereits an anderer Stelle[13] als Optimierungsstrategien erkannt wurden. Allerdings dürfte die Wahrscheinlichkeit, daß man genausoviele kleine Maschen wie große Maschen braucht, nicht hoch anzusetzen sein. Damit aber zeichnet sich für eine Netzwerktheorie ebenfalls ab, was bei sorgfältigem Nachdenken vielfältig zu belegen ist: Höhere Lebensformen zeichnen sich zunehmend durch Asymmetrisierung aus[14]. Der Regensburger Chemiker *Henri Brunner* hat unter diesem Aspekt die molekularen Netzformen bei Lebewesen erforscht. Er kam zu dem Ergebnis: Höhere Lebewesen sind durch asymmetrische Molekularstruktur gekennzeichnet, während die Stoffe, die für diese Organismen *giftig* sind, oft eine *symmetrische* Struktur aufweisen. Da ist es nicht verwunderlich, wenn höheren Lebensformen auch sozial asymmetrische Netzwerke optimal entsprechen. Dies ist zwar auf der Ebene sozialer Organisationsmuster eine nicht zu leugnende Grundtatsache, aber sie ist nicht einmal anfänglich von der Gesellschaft zur Kenntnis genommen. Statt durch sorgfältiges Nachdenken die immer öfter zutage tretenden Probleme in ihrer Ursächlichkeit offenzulegen, wird nur zu oft das Abweichen von *früher* erfolgreichen Entscheidungs- und Innovationsstrukturen als »Verfall« beklagt.

Symmetrische Führungspyramiden – Erfolgsnetze einfacher Gesellschaftsformen

Eine sich früher vielfach bewährt habende Netzstruktur, nämlich die symmetrische Führungspyramide, gerät in der modernen Industriekultur, in Staat, Kirche, ja auch in der Wissenschaft, zunehmend in Bedrängnis.
So warnt der Züricher Unternehmensberater *Egon Zehnder* Top-Manager vor den Folgen wachsender Isolation: »Das Problem, den hautnahen Kontakt mit dem täglichen Geschäft, dem operativen Geschehen und den Mitarbeitern zu verlieren, ist für niemanden größer als für den Mann an der Spitze«.[15]
Um die Ursache für diesen Sachverhalt zu klären, müssen wir zunächst verstehen, warum gerade diese Netzwerkform *früher* so erfolgreich war. In einer – wie wir einmal annehmen wollen – kaum entwickelten Armutsgesellschaft waren kluge Führerpersönlichkeiten äußerst knapp. Möglicherweise hatte man nur einen *einzigen*

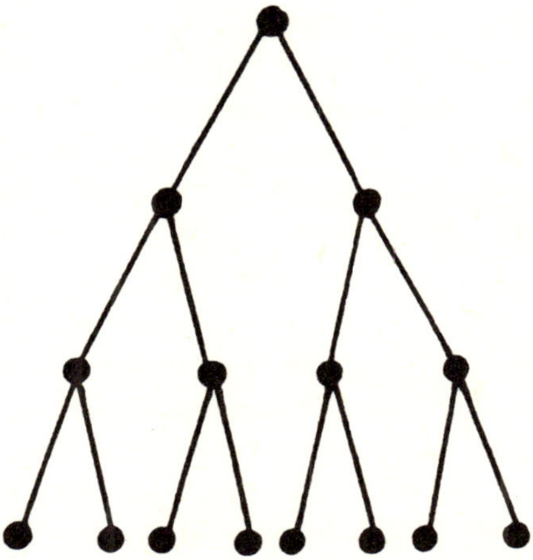

Strukturmodell einer symmetrischen Führungspyramide

»Spitzenmann«[16]. Was hätte klüger sein können, als diesen auch an die Spitze der gesamten Entscheidungspyramide zu stellen? Die ihm an Klugheit und Führungsqualitäten am nächsten kamen, waren auf »Ebene zwei« seine unmittelbaren Stellvertreter. Mit deren Unterstützung lenkte die »Nummer 1« die dritte bzw. vierte Ebene in der Führungspyramide und durch diese die Menschen an der Basis, wie wir heute formulieren würden. So kamen die Erkenntnisse des bei weitem Klügsten der ganzen, recht einfachen Gesellschaft zugute. Die Weisheit kam »von oben«! Selbstverständlich durften und sollten die Unterführer *mit*denken, doch nur soweit, wie »von oben« keine andere Entscheidung befohlen war. Für eine an Führungskräften und Breitenbildung arme Gesellschaft – mit relativ überschaubarer Komplexität – war dies ein überaus sinnvolles Lenkungssystem. Daß das sich so ausprägende Netzwerk weitgehend symmetrisch werden mußte, läßt sich leicht einsehen. Wenn man auf einer unteren Ebene ein Problem hatte, das man dort nicht selbst lösen konnte, fragte man auf der nächst höheren Ebene an. Dann kam man »klüger aus dem Rathaus als man hineinging«. Hier liegt der Grund des Erfolges! Die wenigen Klugen – es waren in der Kurzlebigkeitsgesellschaft früherer Zeiten meistens die »Ältesten« – halfen den jüngeren und unerfahreneren Menschen, die schon früh vom Tod dahingerafft wurden, ihre Probleme – soweit möglich – zu lösen. Die Stabilität solcher symmetrischer Führungspyramiden lag in der tatsächlichen Problemlösungskompetenz der wenigen Klugen, die so allen übrigen nutzbar gemacht wurde. Dieser symmetrischen Führungspyramide entsprach voll und ganz das gesellschaftliche Denken »von oben nach unten«.

Asymmetrische Netzwerkformen

Ganz anders entwickelt sich das Denkmodell in der modernen Überflußgesellschaft. Sie hat nicht nur Waren in großer Menge, sondern sie ist auch reich an klugen und gebildeten Menschen. Ihr Denkmodell ist – völlig konsequent – gekennzeichnet durch »wiederholtes, vertikales *und laterales* Denken in übergeordneter Systematik«[17]. Diese Netzstrategie verdeutlicht das folgende Schaubild.

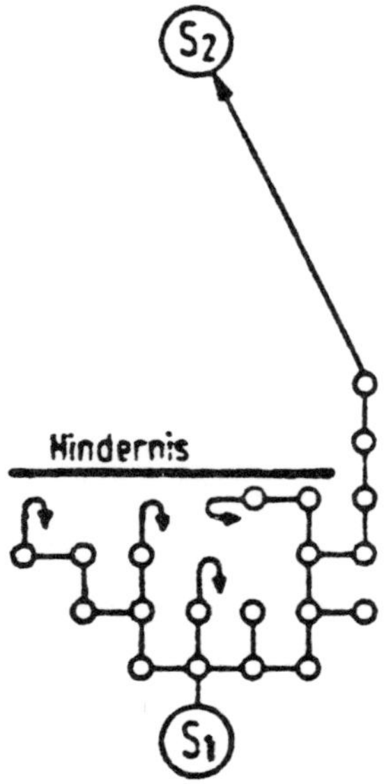

Strukturmodell eines lateralen – seitlichen – Netzwerkes[18]

Während es in einer Welt klarer Über- und Unterordnung voll ausreicht, die *vorhandene* Klugheit des Führenden bzw. seinen Befehl »von oben nach unten« zu bringen, und im Falle der Rückfrage diese »von unten nach oben«, und das möglichst direkt, also auf dem *kürzesten* Weg, so genügt eine solch vertikale an der pyramidenförmigen Netzstruktur entwickelten Methode für eine hochkomplizierte Welt mit vielen gebildeten Menschen keineswegs mehr. Einmal, weil es den alle übrigen an Kompetenz eindeutig überragenden Klugen nicht mehr gibt. Zweitens, weil ein möglicherweise vorhandener kleiner Kompetenzvorsprung eines Führenden von dem Tage an, an dem er ein Spitzenamt übernimmt, dahinzuschwinden beginnt, da ihm die Zeit zum »Nachtanken« fehlt. Drittens, weil nun eine *breite* Schicht hervorragend gebildeter Menschen im Wechselspiel miteinander die gesuchte Lösung erst *finden* muß. Und ist sie gefunden, so erreicht sie – trotz aller Zuarbeit – noch lange nicht den Spitzenmann. Da folglich der »Gang ins Rathaus« einen Suchenden in der Regel keineswegs klüger herauskommen läßt, als er hineinging, also der Weg »nach oben« die *neuen* Probleme kaum lösen hilft – das gilt leider nur zu oft auch für die Befragung bekannter Wissenschaftler[19] –, geht der Lösungssuchende »seitwärts« vor. Er beginnt »lateral« zu denken und zu handeln. Da »der Wind weht, wo er will« (Joh 3,8), wird er an Stellen fündig, wo man es auf Anhieb nicht erwartet hätte. Der Erfolg ermutigt ihn, die eingeschlagene Methode erneut anzuwenden. So entstehen »asymmetrische Netzwerke«. Zwar wissen selbst die so Handelnden oft kaum etwas von dieser angewandten Grundstruktur; das ändert allerdings nichts an der Tatsache. Allmählich jedoch bemerkt man die Konkurrenzwirkung dieser neuen Netzeffekte gegenüber den alten, symmetrischen Führungspyramiden. Diese verlieren immer mehr an Kompetenz und infolgedessen auch an Ansehen. Weil sie kaum *Erfolge* vorweisen können, werden sie zunehmend in Frage gestellt. Ein Verzicht auf den Umbau symmetrisch-vertikaler Führungspyramiden in asymmetrisch-laterale Netzwerke, wäre deshalb gleichbedeutend mit dem Beschluß einfacher – symmetrischer – Lebewesen, auf eine höhere Entwicklung zu verzichten. Die Stammesgeschichte ging diesen Weg nicht.

»Nach New York und Amsterdam hat Berlin West gegenwärtig mit 230 000 angeschlossenen Haushalten das drittgrößte zusammenhängende Kabelnetzwerk der Welt.«[29] Mit diesem Satz präsentiert die Deutsche Bundespost ihr Berliner Pilotprojekt in der Weltrangliste auf Platz 3. Aber selbst wenn die Verkabelung nicht überall in der Bundesrepublik Deutschland zügig und erfolgreich voranschreitet, so kann doch kaum Zweifel daran bestehen, daß die technische Seite der Vernetzung – langsam aber sicher – weitergeht. Damit werden aber automatisch auch soziale Vernetzungseffekte in Gang gesetzt.[21] Laut einer Nachrichtenmeldung des Bayerischen Rundfunks[22] waren 1984 in Schweden 89% aller Haushaltungen mit Telefonanschlüssen ausgerüstet, gefolgt von den USA und der Schweiz mit 80%. In der Bundesrepublik Deutschland waren es erst 57%. Obwohl im Jahre 1984 in den USA pro Apparat viermal mehr Gespräche geführt wurden als bei uns, so waren es in der Bundesrepublik Deutschland immerhin doch rund 25 Milliarden Telefongespräche. Welche Vernetzungsdynamik signalisiert allein diese Zahl! Welcher »Mann an der Spitze« könnte sich – einmal unterstellt, das wäre rechtlich zulässig – auch nur jedes millionste Telefongespräch eine Minute lang anhören? Er brauchte allein dafür mehr als 400 Stunden! Von Briefen, Zeitungen, Büchern, Radio- und Fernsehsendungen, Gutachten und Gesetzesvorlagen ganz zu schweigen.[23] Bald wird er – informationstheoretisch gesehen – einsam sein »wie Reinhold Messner auf dem Gipfel des Mount Everest«. Die »Luft« für Spitzenleute – in welchem Sektor auch immer – wird »dünn und dünner«. In einer Welt dynamisch fortschreitender Vernetzung, in der technische und soziale Netzeffekte einander wechselseitig fördern und bedingen, ist die kommunikative Überforderung der Führungsspitzen geradezu vorprogrammiert.[24] Das gilt sogar für Zentral-Computer. Diese Zusammenhänge zu erkennen und auszusprechen, bringt bereits eine erste befreiende Wirkung. Jetzt weiß man nämlich, was für ein Problem man lösen muß. In der Welt der Elektronik hat man als Gegenmittel das Verfahren des »distributed processing« entwickelt, der dezentralen Datenverarbeitung. Ihm entspricht auf der gesellschaftlichen Ebene eine Zurücknahme von Führungsautorität, die nicht unbedingt mehr notwendig ist, eine »subsidiäre Reduktion«[25]. Ansonsten würden alte Führungsansprüche, die durch fortschreitende dynamische Vernetzungseffekte überflüssig wurden, als »ungedeckte Schecks« erkannt. Viele Konflikte zwischen Spitzenämtern in Führungspyramiden und argumentativer Befragung durch einzelne haben hierin ihre strukturellen Gründe. Eine *dezentrale* Gesellschaft mit hoher Personkompetenz zeichnet sich sowohl empirisch als auch theoretisch-analytisch immer deutlicher ab.[26] Für die katholische Soziallehre liegt darin keine Überraschung, lehrt sie doch mit Papst *Pius XI.:* »Jedwede Gesellschaftstätigkeit ist ihrem Wesen und Begriff nach subsidiär«.[27] Das gilt selbstverständlich auch für Führungspyramiden.

Sozialethische Konsequenzen für die gesellschaftliche Praxis

Wem die oben skizzierten Zusammenhänge in großen Zügen verständlich geworden sind, für den ergeben sich bedeutsame Folgerungen, will er sein Handeln – soweit möglich – für sich wie für andere optimieren. Denn die jeweils bessere Lösung ist, wie *Lothar Roos* immer wieder betont, aus sozialethischen Gründen eindeutig vorzuziehen. Deshalb wird der verantwortlich handelnde Mensch der Gegenwartsgesellschaft wohl folgende vier Ratschläge beachten müssen:

Erstens: Um seine erfinderischen Kräfte zu aktivieren, suche er nicht vorzüglich die Nähe jener Menschen, die deshalb einen Namen haben, weil sie in den Spitzen symmetrischer Führungspyramiden tätig sind. Vielmehr strebe er nach Kontakten zu einem bunten, d. h. asymmetrischen Publikum in seitwärts – also lateral – orientierten Netzwerken.

Zweitens: Durch eine Vielzahl von feed back-Elementen – in der traditionellen Sprache sind damit alle Formen des Dankes gemeint – fördere er die asymmetrisch-lateralen Netzwerkfunktionen, indem er gibt und nimmt.

Drittens: Alle Anregungen, die er selbst aufgrund der sich so ergebenden Rückkopplungen empfängt, also Vernetzungseffekte, suche er möglichst mit dem Kernanliegen seines eigenen Denkens und Lebens zu verknüpfen, auch – und vor allem dann – wenn sie sachlich-fachlich von »anderer Art« sind.[28]

Viertens: Sollte er selbst einmal – wofür obige Methode die denkbar beste Vorbereitung wäre – in die Spitzenposition einer symmetrischen Führungspyramide berufen werden, so wäre er gut beraten, den Einfluß seiner Führungsposition möglichst niedrig anzusetzen,[29] ansonsten aber sein Handeln auch weiterhin von den drei erstgenannten Regeln leiten zu lassen.

Eine der Technik wie der modernen Gesellschaft *gemeinsame* Grundtendenz ist die fortschreitende »Vernetzung«[30]. Sie aufzuhalten, hieße Evolution und Geschichte einfrieren zu wollen. Erfolgversprechender dürfte es sein, diese Tendenz zu *verstehen* und mit Verstand und sittlicher Verantwortung zum Nutzen aller zu *fördern.*

Anmerkungen

1 3. WDR-Fernsehen, Haus Gottes unter den Menschen, 1. September 1985, 20.15–21.15 Uhr, hier 21.09 Uhr.

2 1. WDR-Hörfunkprogramm, Kirchliche Nachrichten, 22. September 1985, 8.05–8.15 Uhr, hier 8.08 Uhr: Mit Bezug auf Priester, die den Zölibat aufgegeben haben, sagte Bischof *Klaus Hemmerle,* man sollte mit ihnen »brüderlich umgehen, damit das menschliche Netz erhalten bleibe«.

3 *Andrew M. Greeley,* A ›Radical‹ Dissent, in: Ethics and Public Policy Essay, Nr. 57, February 1985, S. 33–47, besonders S. 40.

4 Vgl. *Cassells* Wörterbuch, Englisch-Deutsch, »network«, München [12]1978, S. 327.

5 Ebenda.

6 *Lothar Klein,* Viele Mitarbeiter fürchten um ihre Arbeitsplätze, in: Kölnische Rundschau vom 2. Oktober 1985.

7 Vgl. *Manfred Vedder,* Automatisierung mit freiprogrammierbaren Steuerungen, in: tz für Metallbearbeitung 76 (1982) H. 11, S. 34–38.

8 *Albrecht Köhler,* Unser Körper – eine Last? In: Hirschberg 38 (1985) S. 218–226, hier S. 219.

9 *Bettina Heß,* Am sozialen Netz knüpfen im Landkreis viele Hände, in: Starnberger Neueste Nachrichten vom 5./6. Januar 1984.

10 *Lisa Melén,* Webmuster für Gardinen, Handtücher, Tischwäsche, Ravensburg 1985, S. 45.

11 Vgl. zum Aspekt der nützlichen Verkleinerung: *Lothar Schneider,* Subsidiäre

Gesellschaft, Paderborn–München–Zürich [2]1985, S. 114–125: »Miniaturisierung oder Riesen sind unterlegen.«

12 Vgl. *Georg Gerster,* Das Superohr zum Weltraum, in: Wirtschafts-Echo 33 (1982) H. 13, S. 10f.

13 Vgl. *Lothar Schneider,* Subsidiäre Gesellschaft, a.a.O., S. 85–98: »›Teilumkehrung‹ – Modell jeder Zielgruppenlösung«.

14 Vgl. ebenda, S. 98–106: »Asymmetrie – Grundregel zur Optimierung«.

15 *Egon Zehnder,* Ein Chef ohne Menschenwärme gerät ins Miß-Management, in: Welt am Sonntag vom 18. August 1985.

16 Daß es sich tatsächlich weitgehend um *Männer* gehandelt hat, belegt der Psychologe und Erziehungswissenschaftler *Laurence Peter.* Vgl. *Martin Oehlen,* Peter-Prinzip in der Praxis, in: Der Volks- und Betriebswirt, o. Jg. (1985) H. 4, S. 24f.

17 *Günter Schulz,* Konstruktion lärmarmer Erzeugnisse – Optimierung der Vorgehensweisen, in: VDI-Berichte, Nr. 278 (1977) S. 109–122, hier S. 112; Hervorhebung vom Verfasser (lateral = seitwärts).

18 Ebenda.

19 *Lothar Schneider/Helmut E. Lück,* »Laien-« und »Expertenurteil« im Verlauf kontroverser Planungsprozesse. Am Beispiel der Leverkusener Bürgerinitiative »Wohnliches Wiesdorf e. V.«, in: Gruppendynamik 13 (1982) S. 319–331.

20 *Erika Butzek,* Mit Kabelgrüßen aus »Silicon-Wedding«, in: postmagazin, Nr. 3 (1985) S. 6–13, hier S. 6.

21 Vgl. die Lehre vom Solidarismus bei *Heinrich Pesch; Franz H. Mueller,* Heinrich Pesch – Sein Leben und seine Lehre, Köln 1980.

22 3. Bayerisches Hörfunkprogramm, 20. August 1985, 8.00 Uhr.

23 *Hermann Haken,* Erfolgsgeheimnisse der Natur – Synergetik: Die Lehre vom Zusammenwirken, Frankfurt a. M.–Berlin–Wien 1984, S. 228: »... auf der Welt erscheinen täglich 17000 Veröffentlichungen«. Mittelbayerische Zeitung vom 26. Juli 1985: Das Telefon lernt nun lesen und schreiben.

24 *John Naisbitt,* Megatrends – 10 Perspektiven, die unser Leben verändern, Bayreuth [2]1984, S. 139: »In der Politik spielt es im Grunde keine Rolle mehr, wer zur Zeit Präsident der USA ist, und der Kongreß ist zu einer veralteten, quasi überholten Institution geworden.«

25 *Lothar Schneider,* Subsidiäre Gesellschaft, a.a.O., S. 36.

26 *John Naisbitt,* Megatrends, a.a.O., S. 139: »Überall in den USA sind zentralisierte Strukturen am Zusammenbrechen. Aber unsere Gesellschaft ist deshalb nicht am Auseinanderbrechen.« – Es »treten die Einzelstaaten immer selbstbewußter und entschlossener gegen die Zentralregierung in Washington auf.« – S. 141: »Thomas Jeffersons politische Devise: ›Je weniger Regierung, desto besser‹, ist politisch wieder in Mode.«

27 *Pius XI.,* Enzyklika Quadragesimo anno, Ziff. 79.

28 Vgl. die Theorie der »gekoppelten Bilder« von *Archibald MacLeish,* Elemente der Lyrik – Leitfaden für Leser, Göttingen 1960. Ferner: *Fritjof Capra,* Wendezeit – Bausteine für ein neues Weltbild, Bern–München–Wien [8]1984, S. 293: »Die neue Sicht der Wirklichkeit ... beruht auf der Erkenntnis, daß alle Phänomene – physikalische, biologische, psychische, gesellschaftliche und kulturelle – grundsätzlich miteinander verbunden und voneinander abhängig sind. Sie transzendiert die gegenwärtigen disziplinären und begrifflichen Grenzen und wird in neuen Institutionen zur Anwendung kommen.«

29 Präsident *Ronald Reagan* hat dies offensichtlich gemeint, als er in einem Fernsehinterview im Weißen Haus davon sprach – sinngemäß –: »*Etwas* Einfluß habe ich doch.«

30 Vgl. *Frederic Vester,* Unsere Welt – ein vernetztes System, München 1983, S. 23: »Es gibt keine abgeschlossenen Systeme: In der Realität sind alle Systeme offen – mit anderen vernetzt.«

2 Hoffnung auf Entwicklung – Ein Radiokommentar zu Sollicitudo rei socialis

Radio Charivari:
Ein neues päpstliches Lehrschreiben ist in den letzten Tagen erschienen. Wenn man zu einer ersten Bewertung dieser Enzyklika kommen will: Herr Schneider, wie ist da Ihr Eindruck, sozusagen nach dem ersten Lesen ganz »frisch« von diesen Unterlagen?

Schneider:
Der Papst möchte weltweit Aufmerksamkeit wecken für die Frage der *Entwicklung*, und er möchte alle Menschen guten Willens engagieren, daß wir hier *vorankommen.* Und der Papst macht sich zum Wortführer der Armen.

Radio Charivari:
Nun zeichnet der Papst ja ein vorwiegend negatives Bild der Entwicklung der Menschheit auf der ganzen Welt. Wo liegen denn Ihrer Meinung nach begründete Ursachen dafür, daß es zu diesem negativen Bild kommen konnte?

Schneider:
Ich meine, das erklärt sich aus dem Anlaß der Enzyklika. Sie ist ja zum 20. Jahrestag der Entwicklungsenzyklika von 1967 gedacht. Sie kommt aber fast zum 21. Jahrestag. Und wenn man diese Verspätung um 11 Monate interpretiert, dann kann man vielleicht folgendes sagen: Die Enzyklika besteht aus zwei Anläufen. Zunächst scheint mir ein Entwurf aus Lateinamerika nach Rom gebracht worden zu sein – 8 Wochen vor dem richtigen Termin (26. März 1967). Und die Perspektive, daß alles viel negativer ist als *wir* es z. B. sehen, die kommt offensichtlich aus Lateinamerika. Und die Verspätung im Veröffentlichen der Enzyklika liegt wohl daran, daß der Papst und seine Mitarbeiter gesagt haben: »Oh, da

müssen wir aber noch nacharbeiten. So negativ können wir das alleine nicht stehen lassen«.
Und warum sehen es die Lateinamerikaner negativ? – Nun, weil die Enzyklika »Über den Fortschritt der Völker« – auch das Konzil, das kurz voranging – große Hoffnungen geweckt hatten. Viele Leute in Lateinamerika haben gedacht, jetzt geht es mit dem Intercity-D-Zug-Tempo auf eine neue humane Entwicklung hin. Es geht aber nur im Schneckentempo! Und weil man einen *zu schnellen* Erfolg erwartet hat, deshalb ist man über das Langsamere, das man allerdings erreicht hat, enttäuscht und die Gesamtdiagnose, daß ein vorwiegend negatives Bild unsere Welt und auch Lateinamerika beherrscht, scheint mir – weltweit betrachtet –, eine zu enge und auch zu pessimistische Perspektive zu sein. Tatsächlich ist auch in Lateinamerika, auch in Afrika allerhand erreicht worden.

Radio Charivari:
Nun fällt ja auch auf bei dieser Enzyklika, daß der Papst, zumindest in einigen Passagen, beide Machtblöcke, West und Ost, gleichermaßen geißelt, den Westen wie den Osten. Es gibt, so scheint es, keinen ethischen Vorsprung mehr des Westens. Das sind doch in diesem Zusammenhang unerhört neue Töne, die da aus Rom kommen, die dort in der Enzyklika zu lesen sind.

Schneider:
Ja, das sind sicher Sätze, die in Lateinamerika geschrieben worden sind. Aber der Ost-West-Konflikt, der hat doch seinen Höhepunkt überschritten, wie alle Realisten hoffen. Und daß also nun gleichzeitig der Westen, in dem es ohne Zweifel sehr böse ökonomische, imperialistische Tendenzen geben kann und auch gibt – aber daß er in globo so behandelt wird wie Dinge, die im Osten geschehen sind, das wird noch manchen nachdenklich stimmen. Ich glaube auch, daß diese Tendenz dem Papst nicht ureigen ist.

Radio Charivari:
Nun heißt es ja auch in einer Passage, daß man notfalls auch auf Überfluß an Kirchenschmuck, an Kirchengütern verzichten soll,

um aus dem Erlös der Güter den Armen zu helfen. Welche Auswirkungen könnte so eine Forderung haben, z. B. wenn man das jetzt auf so ein Bistum wie Regensburg oder auf unsere Situation einmal überträgt?

Schneider:
Das klingt gut. Und es ist völlig richtig, wenn man es als ein *Signal* des guten Willens und der eigenen Betroffenheit und des eigenen Mitmachens wertet, dann ist das hundertprozent richtig! Wenn Sie das *ökonomisch* werten, dann muß man doch nach *Zahlen* fragen. Stellen Sie sich einmal vor, das, was im Vatikan in den Museen wäre, dafür würden Sie, sagen wir einmal, 10 Mrd. DM bekommen. Wenn Sie soviel bekommen?! Und dann stände nachher die Laokoon-Gruppe im Guggenheim-Museum in New York und die Pieta des Michelangelo in Tokio. Und dann macht man Weltreisen, um die Dinge einmal zusammen zu sehen und dann hat der Papst 10 Mrd. DM. – Ja, und das ist gerade ein Viertel von dem, was Gerhard Stoltenberg braucht, um sein aktuelles Jahresloch zu stopfen. Und selbst wenn Sie sagen, wir könnten gut und gerne 100 Mrd. DM aktivieren – was ist das tatsächlich? Man kann Substanz nur *einmal* verteilen.
Das ist eigentlich nicht das Problem. Das Problem heißt, wir müssen *Zuwächse* erzielen. Wir müssen dort vorankommen, wo bisher Stagnation ist. Wir müssen die entscheidende Ressource, wie man das ja heute nennt, aktivieren. Das ist nicht Gold und das ist nicht Öl und das ist auch nicht Geld! Das ist Kreativität, das ist Phantasie, das ist Tatkraft. Und wenn wir diese Tatkraft bei den Menschen wecken, dann meine ich, haben wir das Ureigenste, das Jesus gebracht hat, nämlich den kreativen Geist in die Welt gebracht. Und dann werden wir bald sehen, daß *eine* Idee viel *mehr* wert ist als 10 Mrd. DM.

Radio Charivari:
Um es zusammenzufassen: Ist diese Enzyklika eine brauchbare Anregung, damit die Menschheit vorankommt?

Schneider:

Ja, sie ist ein Anstoß! Und ich glaube, das ist das Verdienst unseres Heiligen Vaters, daß er den Mut hat, einen Text, den er wahrscheinlich in allen Passagen nicht mit vollem Herzen unterschrieben hat – das will ich einmal als Analytiker unterstellen – daß er den Mut hat, einen solchen Text, weil er das Anliegen der lateinamerikanischen Kirche zu Papier gebracht hat, daß er den unterzeichnet und sagt, diesen Stein werfe ich ins Wasser, und ich möchte, daß er Wellen schlägt, und er soll Anstoß erregen, und er soll Diskussionen hervorrufen; er kann nun auch in Punkten korrigiert werden, das ist keine unfehlbare Lehre. Der Papst will seinen Beitrag leisten, und ich meine, das ist ihm fast schon gelungen.

Radio Charivari:

Professor Schneider äußerte sich zur neuen Enzyklika des Papstes. Ein Beitrag von Sigi Höhne für Radio Charivari.

3 Autoritätskrise – Sozialethische Perspektiven

Hinführung

»Die Frauen von heute tragen ihre Haare so, wie es ihr eigener Kopf für richtig hält«, verkündet bundesweit auf riesigen Plakattafeln eins der spritzigen Werbeposter einer bekannten Frauen-Illustrierten. Auch die übrigen Großplakate dieser breit angelegten Reklamekampagne transportieren markige Sprüche in die Augen des Betrachters. Werbetexter legen sie »den Frauen von heute« keß in den Mund. Zudem darf man wohl sicher sein, daß jene Werbeagentur ähnlich selbstbewußte Aussagen formulieren könnte auch für »Männer«, »Teenager«, »Kinder«, »Bürger«, »Wähler«, ja, für *jede* Gruppierung der »Menschen von heute«, so dies nur die Marktführer ordern und bezahlen wollen. Was signalisieren solche Werbetexte mit ihrem pointierten Selbstbewußtsein des Menschen von heute? Sind nicht die Public Relations-Leute diejenigen, die »die Hand am Puls der Zeit« haben? Sprechen sie nicht oft bereits *heute* aus, was von Tag zu Tag mehr das öffentliche Bewußtsein der kommenden Gesellschaft prägen wird? Und wie lautet dann die Botschaft für heute und morgen? Etwa: »Mündige Menschen handeln so, wie es ihr *eigener Kopf* für *richtig* hält!«
Aber *das* ist es ja gerade, klagen die anderen! Wenn jeder so handeln würde, wie es »sein *eigener* Kopf für richtig hält«, dann wird schließlich jede Führung in Frage gestellt.
Wie soll dann noch das Gemeinwohl Bestand haben? Fällt dann nicht letztendlich alles auseinander? Führt das nicht zu einer totalen Autoritätskrise?

Autorität – was ist das?

Damit stehen wir beim zentralen Stichwort unseres Themas, der »vielbeklagten Autoritätskrise«. Nun, halten wir hier kurz inne und fragen uns zunächst, was ist denn Autorität? »Max Horkheimer ... nennt sie ›bejahte Abhängigkeit‹, Theodor Geiger ›Ansehensmacht‹ und Friedrich Wieser ›innere Macht‹.«[1] Soziologisch wird Autorität als jene soziale Beziehung begriffen, »in der Personen und Institutionen eine Führungs- oder Vorbildrolle übernehmen und dabei Normen und Ziele bestimmter Gruppenordnungen repräsentieren und durchsetzen, andererseits aber auch von der *Zustimmung* der einzelnen Gruppenmitglieder *abhängig bleiben*«[2]. Diese Aussage gilt also sowohl für *amtliche* als auch für *persönliche* Autorität. In *beiden* Fällen ist Autorität keine Einbahnstraße vom Führer zum Geführten, sondern sie gründet in einer dynamischen Wechselbeziehung. Deshalb hat Autorität, will sie sich selbst nicht in Frage stellen, »den Legitimitätsbeweis ihrer Sachkunde von Fall zu Fall zu liefern«[3]. Ohne diesen je neu erbrachten Beweis, über die notwendige Befähigung tatsächlich zu verfügen, die anstehenden oder gar *völlig neuen* Probleme der Anvertrauten lösen zu können, fällt der bloße Anspruch auf Autorität glatt in sich zusammen. Er ist wie ein Baum ohne Früchte![4] Ein Blick in unsere Gegenwartsgesellschaft bestätigt diese Sicht tagtäglich auf Schritt und Tritt. Hier hilft kein Lamentieren, kein Anklagen. Die konkrete Lebenswirklichkeit spricht eine deutliche Sprache! Doch klafft zwischen der so empirisch zu beobachtenden Situation und einer wohlbedachten Soziallehre nicht ein tiefer Abgrund? Keineswegs! Der Politologe Theodor Eschenburg sagt: »Das Gemeinwohl ist die Norm der innergesellschaftlichen Autorität«.[5] Das aber bedeutet, daß Autorität *nicht* ein *Selbstzweck* ist, sondern dem Gemeinwohl unterstellt ist, also ihm zu *dienen* hat.

Autorität dient dem Gemeinwohl

Doch was ist denn Gemeinwohl? Auf diese Frage antwortet das Vatikanum II in der Erklärung über die Religionsfreiheit »Dignitatis humanae« (6): »Das Gemeinwohl der Gesellschaft besteht in der Gesamtheit jener Bedingungen des sozialen Lebens, unter denen die Menschen ihre eigene Vervollkommnung in größerer Fülle und Freiheit erlangen können.« Das also ist der *Maßstab,* mit dem es zu messen gilt: die »*eigene* Vervollkommnung« des Menschen! Eine formale Inanspruchnahme von Autoriät – welcher Art auch immer – hätte den Wert von »leerem Stroh«, wenn sie nicht in der Lage wäre, von Fall zu Fall nachzuweisen, daß sie *tatsächlich* der eigenen Vervollkommnung des Menschen *dient*. Dann aber gilt es, »Menschen zu bilden, ... die die Dinge nach eigener Entscheidung im Lichte der Wahrheit beurteilen«, wie es die Erklärung über die Religionsfreiheit (8) ausdrücklich fordert. Wen wird es da wundern, wenn eine Agentur mit dem Satz wirbt: »Die Frauen von heute tragen ihre Haare so, wie es ihr *eigener* Kopf für richtig hält«. Das *Mündigwerden* des Einzelmenschen ist das Ziel. Denn »jedwede Gesellschaftstätigkeit ist ja ihrem Wesen und Begriff nach subsidiär«, so lehrt es Papst Pius XI. 1931 in der zweiten Sozialenzyklika »Quadragesimo anno« (79). Jener Grundgedanke ist unter dem Namen »Subsidiaritätsprinzip« bekannt geworden. Wer wollte zweifeln, daß Autorität eine überaus wichtige Gesellschaftstätigkeit ist. Hoffentlich niemand! Allerdings ist damit für die katholische Soziallehre zugleich sonnenklar, daß *jedes* Handeln – selbst wenn es sich auf einen hohen Autoritätstitel berufen kann – dem einzelnen *wirklich zur Hilfe* gereichen muß. Jede Übervormundung reifer Menschen ist mit Entschiedenheit zurückzuweisen. Anders ausgedrückt: sie wäre nicht Ausdruck echter Autorität, sondern schlicht *autoritär*.

Ist der heutige Mensch autoritätsunwillig?

Nun könnte – irrtümlicherweise – der Eindruck entstanden sein, daß »die Menschen von heute« schlechthin nicht geneigt seien, die Kompetenz von Autoritäten zu respektieren bzw. diese in die eigenen Entscheidungen einzubeziehen. Keineswegs! Im Gegenteil. Immer wieder trifft man Mitmenschen, die sich gerne – wie man volkstümlich sagt – »auf die Sprünge helfen lassen«. Wer heute als Mediziner, Jurist, Pädagoge, Theologe, Psychologe – oder was auch immer – einem Menschen erkennbar hilfreich zur Seite steht, der kann sich vor Ratsuchenden kaum retten. Deshalb haben ja heute in der Regel tüchtige Anwälte menschlicher Not privat

geheime Telefonnummern, sonst fänden sie nicht einmal am Sonntag die ihnen zukommende Ruhe und Muße.
Auf den ersten Blick gibt es also heute zwei Tendenzen im Themenfeld Autorität, die einander zu widerstreiten scheinen: einmal eine autoritäts*kritische* Tendenz, aber auch eine autoritäts*bejahende* Tendenz. Bei sorgfältiger Beobachtung wird einem noch ein weiteres – zunächst überraschendes – Moment auffallen: Gar nicht selten sind es *dieselben* Menschen, die in sich *beide* Tendenzen vereinen. Wie soll man diesen Tatbestand deuten, wenn man nicht weite Teile der Bevölkerung für schizophren erklären will?

Die alten Autoritäten und die neuen Probleme

Der entscheidende Beitrag einer jeden Autorität zum Gemeinwohl liegt in ihrer Kompetenz, anstehende Probleme *lösen* zu helfen. Um aber nicht jedes Mal beim Tode einer Autorität erneut bei »Null« anfangen zu müssen, ist es sinnvoll – und so verfahren praktisch auch alle Gesellschaften – »feste Punkte«, Ämter, Dienste mit *dieser* Hilfe zu beauftragen. Selbstverständlich muß sein, daß die für solche Dienste Auszuwählenden über beste Qualifikationen verfügen sollen, denn schon mancher Nichtqualifizierte hat dem hohen Amt, mit dem er betraut wurde, mehr geschadet als genützt. Die theoretisch so leicht zu vollziehende Unterscheidung von *persönlicher* und *amtlicher* Autorität macht aber in der Praxis oft große Schwierigkeiten. Beide Aspekte *durchdringen* sich ständig! Gemeinsam aber gilt für beide Seiten von Autorität: sie müssen Probleme *lösen* helfen, ansonsten wird die Geschichte über sie hinweggehen. Damit aber ist »des Pudels Kern« einer jeden Autorität freigelegt. Wer dem Menschen zur Persönlichkeitsentfaltung helfen will und auch die Befähigung hat, Probleme zu lösen, der wird ja wohl – vor allem wenn er über Ausdauer verfügt – seinen Dienst nicht *ohne* Erfolg leisten! Das aber heißt, er wird anstehende Probleme einer *Lösung* zuführen. Damit aber *sind* es dann *keine* Probleme mehr. Aber dort, wo es *keine* Probleme mehr gibt, kann sich Autorität nicht mehr erweisen. Man kann geradezu sagen: Je *erfolgreicher* eine Autorität Probleme gelöst hat, um so *überflüssiger* wird sie auf

diesem Sektor.[6] Allerdings entstehen im Umfeld des Sozialen jeweils auch *neue* Probleme. Und genau *hier* verläuft die kritische Linie für die *alten* Autoritäten. Denn im Feld der *neuen* Probleme gilt es im Sinne des Gemeinwohles, d. h. zur Entfaltung des einzelnen, Kompetenz je neu zu gewinnen und dann den Hilfsbedürftigen zu gewähren.
In dieser Aussage mag überraschen, daß die alten – und wie wir unterstellen wollen – erfolgreichen Autoritäten aufgefordert werden, sie sollten zur Lösung neuer Probleme zunächst *selbst* darum bemüht sein, die erforderliche Problemlösungskompetenz *je neu zu erwerben.* Es ist ja keineswegs so, daß dadurch, daß man über Jahre und Jahrzehnte als Autorität erfolgreich war – bei Ämtern können es Jahrhunderte und Jahrtausende sein –, man deshalb schon die Befähigung besitzt, auch *völlig neue* Probleme zu lösen.

Sozialer und technischer Wandel aus der Sicht des Konzils

Doch, so wird mancher wohl einwenden, gibt es denn – im Feld des Sozialen – so grundsätzlich neue Probleme? Im Bereich der Technik vielleicht ja. Dort mag der Wandel »mit Händen zu greifen sein«. Aber ist nicht »Ehe« nach wie vor »Ehe«, ist nicht »Familie« nach wie vor »Familie« und ist nicht »Mutter-« und »Vaterschaft« nach wie vor »Mutter-« und »Vaterschaft«?
Wer meint, im Feld des Sozialen gäbe es so gut wie keinen legitimen Wandel,[7] der signalisiert ein erschreckendes Unwissen, dem dringend abzuhelfen wäre. Sagt doch schon das Konzil in der Pastoralkonstitution »Gaudium et spes« (7): »Die von früheren Generationen überkommenen Institutionen, Gesetze, Denk- und Auffassungsweisen scheinen aber den wirklichen Zuständen von heute nicht mehr in jedem Fall gut zu entsprechen.« »Ja«, so fährt das Konzil fort, »die neuen Verhältnisse üben schließlich auch auf das religiöse Leben ihren Einfluß aus.« Dem letzteren werden wohl die meisten aus innerer Überzeugung zustimmen. Doch werden nicht wenige dabei als »Transmissionsriemen« »Laxheit«, »Genußsucht« und »Werteverfall« vor Augen haben? Von hierher ist es dann nicht mehr weit bis zur Klage über »die moderne Gesellschaft

schlechthin«. Krise, wohin man nur blickt! Autorität gilt nichts mehr! Ist das wirklich so? Manche machen sogar – ob sie sich wohl voll bewußt sind, was sie da sagen? – das *Konzil* dafür verantwortlich. Die im Heiligen Geist versammelte Weltsynode sah allerdings den gesellschaftlichen Wandel differenzierter – und vor allem *optimistischer!* In »Gaudium et spes« (35) heißt es: »Durch sein Werk formt der Mensch nämlich nicht nur die *Dinge* und die *Gesellschaft* um, sondern *vervollkommnet er auch sich selbst.* Er lernt vieles, entwickelt seine Fähigkeiten, überschreitet sich und wächst über sich empor.« Ja, vier Sätze weiter lehrt das Konzil: »Dieser technische Fortschritt kann nämlich gewissermaßen die Basis für den menschlichen Aufstieg bieten.« Wahrhaftig optimistische Sätze!

Fassen wir die Sinnspitze dieser Aussage noch einmal zusammen: Es gibt also eine *Wechselwirkung* zwischen einer vorausstürmenden *Technik,* dem Werk menschlicher Arbeit, und dem Menschen selbst, der zu einer *mündigeren* Person heranreift.

Die übersehene Langlebigkeitsgesellschaft[8]

Wer eine Krankheit heilen will, der muß zunächst die richtige Diagnose stellen. Ansonsten tappt er im dunkeln. Selbst wenn ein ganzes Bündel von gesundheitsgefährdenden Einflüssen eine Rolle spielt, so gilt es doch an allererster Stelle, den *Hauptgrund* aufzudecken, der in einem Problem verborgen ist. Auto, Farbfernsehen, Mondfahrt, »die Pille« oder gar Tiefkühl-Retorten-Babies sind sicher nicht unwichtige Aspekte im Rahmen einer Diskussion der vielbeklagten Autoritätskrise. Mit manchem dieser Stichworte mag sich gar eine »verlorene Schlacht« im Bewußtsein vieler verbinden. Doch der *Hauptgrund* der immer wieder ins Gespräch gebrachten Autoritätskrise ist damit *nicht* erfaßt. Daß dies so richtig gesehen ist, wird ein Kenner der Mentalität der *Dritt-Welt-Bevölkerung* sofort bestätigen. *Dort* gibt es – sieht man von kritischen Minoritäten einmal ab, die zudem weitgehend noch »importiert« sind – *keineswegs* eine Autoritätskrise als *Breiten*phänomen, weder bei den Geführten noch bei den Führern. Letztere haben nur zu oft nicht einmal ein Schuldbewußtsein, wenn sie auf ihre millionenschweren Nummernkonten in die Schweiz überweisen. Eine Autoritätskrise mit *Breiten*wirkung im eigentlichen Sinne gibt es vor allem in der »Ersten Welt«. Was ist der Grund? Wie kam es dazu?

Midlife crisis – kein geeigneter Begriff

In der jüngsten Vergangenheit wurde in den USA und in Westeuropa ein neuer Begriff geprägt: »Midlife crisis«, »Krise in der Lebensmitte«[9]. Ausgangspunkt waren krisenhafte Phänomene etwa um das 40. Lebensjahr. Nicht wenige Menschen – aus der Ersten Welt – wechselten Beruf, Ehepartner, Heimatland und Lebensstil. Die meisten von ihnen dürften den Vorgang als *ihre* private Krise empfunden haben. Selbst die Forscher, die sich mit diesen Ereignissen befassen, geben weithin eine an die »private« Biographie anknüpfende psychologische Deutung: Jetzt – so sagt der Betroffene zu sich selbst – stehe ich etwa in der Mitte meines Lebens. Deshalb mache ich Bilanz. Manches habe ich falsch gemacht. Jetzt beginne ich noch einmal von vorne. Ich könnte ja auch ganz anders leben. Die Folge: Es werden eine Reihe bisheriger Entscheidungen korrigiert. Personen, Beruf und Lebensraum werden eventuell gewechselt. Die sog. »Krise in der Lebensmitte« ist da.
Doch unerklärt bleibt bei diesem Ansatz, weshalb in Ländern mit niedrigerer Lebenserwartung, also z. B. in der »Dritten Welt« bzw. in den Ländern der »Ersten Welt« vor über hundert Jahren, nicht ähnliche Krisen auftraten, nur eben *früher* im Lebensablauf des einzelnen, da ja nicht unbekannt war, daß man – dort oder damals – halt nicht so alt wurde. Die »Lebensmitte« war damit schon in jüngeren Jahren erreicht, die Krise folglich früher »fällig«. Weitere Einwände ließen sich formulieren.
Viel überzeugender erscheint eine völlig andere Deutung. Sie geht nicht an erster Stelle vom einzelnen aus, sondern sieht ihn eingebettet in einen sozialen Bezugsrahmen der ihn tausendfach stützenden, mit Rat und Tat umfangenden, gesellschaftlichen Autoritäten. *Wodurch* aber entsteht die *völlig neue* Situation, die Ursache so vieler Lebenskrisen, ja der Autoritätskrise sein mag? Hier soll uns ein Schaubild weiterhelfen:

Schaubild zur Zweitlebenskrise

Graphische Darstellung von Person-Gesellschaft-Relation und »Midlife crisis«
(P = Person, G = Gesellschaft)

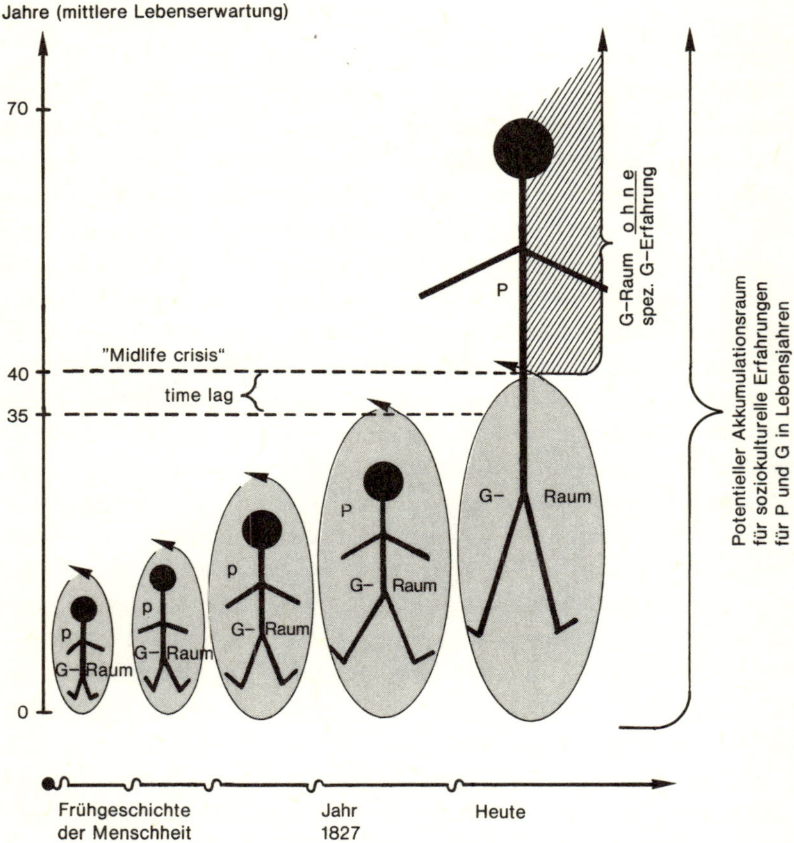

Auf der senkrechten Linie, der sog. »Y-Achse«, ist die mittlere Lebenserwartung aufgetragen. Über der unteren Linie, der sog. »X-Achse«, ist die rund 4 Millionen Jahre lange Geschichte der Menschheit symbolisch im »Zeitraffer« dargestellt. In der Frühgeschichte der Menschheit war die Lebenserwartung recht niedrig. Sechsjährige Kinder etwa waren bereits Waisen. Die jüngeren Geschwister der mit rund 20 Jahren verstorbenen Eltern übernahmen die Betreuung der Kleinen. So wurde die Großfamilie unentbehrlich. Die Sippe mußte fest zusammenhalten, wollte sie überleben. Allmählich – im Laufe der Jahrhunderttausende – nahm die Lebenserwartung der Menschen langsam aber stetig zu. Immer aber galt, daß der einzelne – wie in einer Fruchtblase (G-Raum = gesellschaftlicher Erfahrungsraum) – durch die angesammelte Erfahrung des Stammes und seiner gesellschaftlichen Autoritäten »abgefedert«, geschützt und geborgen war. Wer wollte schon als einzelner einer solch »geballten Ladung« an Wissen und Weisheit im *eigenen* Namen widersprechen. Undenkbar! Die Autoritäten – es waren die meist sehr seltenen »Ältesten« – hatten einen solchen »Überschuß« an Problemlösungskompetenz, daß die Nichtbefolgung ihrer Ratschläge nur »Suizidverdächtigen« in den Sinn hätte kommen können. Kein Zweifel: Die Autoritäten der Kurzlebigkeitsgesellschaft konnten den »Legitimitätsbeweis ihrer Sachkunde von Fall zu Fall ... liefern«[11]. Doch warum ist der über vier Millionen Jahre stetige Vorsprung der Autoritäten gegenüber den einzelnen (P = Person) in der Ersten Welt auf einmal verlorengegangen? Seit rund 150 Jahren hat sich die Lebenserwartung der Menschen in den modernen Ländern in etwa verdoppelt. Anders ausgedrückt: Die mittlere Lebensspanne hat sich in einem überaus kurzen Zeitraum – bezogen auf die gesamte Geschichte der Menschheit – von weniger als 0,004% um rund 100% verlängert! Mehr noch als dieser zunächst rein quantitative Effekt dürfte der qualitative Aspekt von Bedeutung sein. Wer mit 35 Jahren tot ist, kann sich mit 36 Jahren nicht scheiden lassen; wer mit 37 Jahren stirbt, kann mit 38 Jahren nicht einen neuen Beruf wählen; und wer mit 39 Jahren sein Leben beendet hat, der kann mit 40 Jahren nicht auswandern. Vor allem aber kann nun beim Einzelmenschen jenseits des 40. Lebensjahres der Prozeß der Personreife und damit Kompetenzgewinnung über Jahre und Jahrzehnte weitergehen. Selbst die jüngeren Menschen einer solchen Gesellschaft werden davon mitgeprägt. Der einzelne, vor allem wenn er begabt und *lernbereit* ist, gewinnt schneller an Langlebigkeitserfahrung als die Gesamtgesellschaft und – man wird dies praktisch belegen können – als die *alten* Autoritäten. Denn, wer *»immer schon«* die Lösung kannte, der steht *besonders* in der Gefahr zu glauben, er werde sie auch für *neue* Probleme kennen. Dies wird auch durch die Beobachtung gestützt, daß sich bei neuartigen Problemlagen nur zu schnell die Qualifikationen von »Laien« und »Experten« vertauschen.[12] Das bleibt dem kritisch-wachen Einzelmenschen nicht verborgen. Der einst so hilfreiche Rat der alten Autoritäten fällt aus. Es bleibt ihm gar nichts anderes übrig, als selbst zu entscheiden. Das schließt verständlicherweise auch Fehlentscheidungen ein. Sicher, *guter* Rat wäre ihm – nach wie vor und gerade jetzt – teuer. Vor allem, da er selbst nun um das 40. Lebensjahr die »Fruchtblase« der Kurzlebigkeitsgesellschaft verläßt und zu einem sozialen Zweitleben in die völlig neue Langlebigkeitsgesellschaft »hineingeboren« wird. Doch nicht wenige Autoritäten glauben, die einst erfolgreichen Lösungsvorschläge der Kurzlebigkeitsgesellschaft – ihnen ist nur zu oft der Tatbestand nicht einmal bewußt – brauche man heute, d. h. gemäß dieser Gedankenführung, in der Langlebigkeitsgesellschaft nur zu wiederholen und eventuell mit größerem *Nachdruck* einzuschärfen. Das ist ein Irrtum! Eine bloße Wiederholung genügt keineswegs! Wer kennt nicht die verzweifelt-erfolglosen Versuche von sich nicht je neu durch Problemlösungskompetenz ausweisenden Autoritäten? Ihre Bemühungen sind durch folgenden Gedanken gekennzeichnet: Was gestern richtig war, das kann heute nicht falsch sein! Dieser »asituationalen Logik«[13] fehlt es an einer *Hermeneutik* der Langlebigkeitsgesellschaft.

Wie kann Abhilfe geschaffen werden?

Inzwischen erarbeiten die Sozialwissenschaften eine solche Hermeneutik der Langlebigkeitsgesellschaft. Die klassischen Autoritäten in Wissenschaft, Staat, Kirche und Gesellschaft sollten sich verstärkt darum bemühen.[14] Dann wird sich die vielbeklagte Autoritätskrise leicht überwinden lassen. Denn: »Wer suchet, der findet« (vgl. Mt 7,7). Wer jedoch glaubt – in Verkennung der *Dienstfunktion* seiner Autorität –, er habe kraft Amtes Umkehr nicht nötig, dem gilt wie jeder Autorität, die zum Selbstzweck geworden, wohl auch heute noch das Wort Jesu (Mt 23,13): »Weh euch, ihr Schriftgelehrten und Pharisäer, ihr Heuchler! *Ihr* verschließt das Himmelreich vor den Menschen. Ihr selbst tretet nicht ein, und ihr laßt auch die nicht hinein, die hinein wollen.« – Deutliche Worte. Aber auch sie sind – vor allem für Unterdrückte – eine Frohe Botschaft!

Anmerkungen

1 *Theodor Eschenburg,* Autorität, in: Meyers Enzyklopädisches Lexikon in 25 Bänden, Bd. 3, Mannheim, Zürich, Wien 1971, S. 217–222, hier S. 217.
2 *Meyers Enzyklopädisches Lexikon* in 25 Bänden, Bd. 3, a.a.O., S. 216 + 223, hier S. 216. Hervorhebung v. Verf.
3 Ebd.
4 Vgl. Mt 7,16ff.
5 *Theodor Eschenburg,* a.a.O., S. 219.
6 Wenn Altbischof *Rudolf Graber* schreibt: »Zur Glaubens- und Autoritätskrisis ist die Priester-Krisis getreten. Und vielfach ist es so, daß die Priester-Krisis diese anderen Krisen sogar hervorgerufen hat«, dann kann dies auch positiv als Zeichen erfolgreichen Arbeitens gewertet werden (*Rudolf Graber,* Liebe läßt nicht schweigen – Predigten, Ansprachen, Vorträge, Regensburg ²1974, S. 112).
7 Daß der soziale Wandel neue Chancen eröffnet, zeigt: *Lothar Schneider,* Soziale Dynamik, Aspekte christlicher Gesellschaftslehre, Regensburg 1986.
8 Vgl. *Lothar Schneider,* Subsidiäre Gesellschaft, Paderborn ²1985, S. 48–63.
9 Vgl. *Gail Sheehy,* In der Mitte des Lebens, München 1976. Ferner: *Hermann Schreiber,* Midlife Crisis – Die Krise in der Mitte des Lebens, München 1977.
10 Vgl. *Lothar Schneider,* Subsidiäre Gesellschaft, a.a.O., S. 58.
11 Siehe Anmerkung 5.
12 *Lothar Schneider – Helmut E. Lück,* »Laien«- und »Expertenurteil« im Verlauf kontroverser Planungsprozesse. Am Beispiel der Leverkusener Bürgerinitiative »Wohnliches Wiesdorf e. V.«, in: Gruppendynamik, Jg. 13 (1982) Heft 4, S. 319–331.
13 *Lothar Schneider,* Subsidiäre Gesellschaft, a.a.O., S. 47.
14 Es besteht allerdings die Gefahr, daß »Spitzen-Autoritäten« daran strukturell gehindert sind. Vgl. *Lothar Schneider,* Soziale Vernetzung, in: Jahrbuch für Christliche Sozialwissenschaften, hrsg. von *Anton Rauscher,* Münster 1986, S. 229–240.

4 Der Mensch als Wesen zur Gemeinschaft

Einigkeit und Recht und Freiheit

Helgoland – August 1841. Der Literaturprofessor, Volksliedforscher und Dichter August Heinrich Hoffmann, nach seinem Geburtsort genannt Hoffmann von Fallersleben, befindet sich auf der Insel, um den zweiten Teil seiner sogenannten »Unpolitischen Lieder« zu schreiben. Sie sind aber alles andere als »unpolitisch« und werden ihm – nebenbei gesagt – schon bald seine Stellung kosten. Hier auf Helgoland also entsteht am 26. August 1841 der Text des »Deutschlandliedes«. Der Dichter hat bereits eine bestimmte Melodie für sein Lied im Kopf – Haydns berühmte Kaiser-Hymne. Sie soll für die gewünschte Popularität sorgen. Wenige Tage danach bekommt Hoffmann Besuch von seinem Verleger Julius Campe und notiert später in seiner Autobiographie: »Am 29. August spaziere ich mit Campe am Strande. Ich habe ein Lied gemacht. Das kostet aber vier Louisdor. Wir gehen in das Erholungszimmer. Ich lese ihm ›Deutschland, Deutschland über alles‹ und noch ehe ich damit zu Ende bin, legt er mir die vier Louisdor auf meine Brieftasche. Am 4. September bringt mir Campe das Lied der Deutschen mit der Haydn'schen Melodie in Noten«.[1]

Wenn *wir* heute als Bürger der Bundesrepublik die dritte Strophe des Deutschlandliedes singen, dann singen wir zugleich eine *Programm*aussage über *den Menschen als Wesen zur Gemeinschaft*: »*Einigkeit* und *Recht* und *Freiheit* sind *des Glückes Unterpfand*.« Genau in diesem Spannungsfeld muß sich der soziale Wesenszug des Menschen immer neu bewähren. Ja, bei näherem Zusehen zeigt sich, daß die dichterische Intuition in vortrefflicher Weise die vier Sozialprinzipien skizziert, die die katholische Gesellschaftslehre als Grundlage eines gelungenen Gemeinschaftslebens erst viele Jahre später wissenschaftlich erarbeitet und heute in ihrem *Zusammen*spiel genauer zu erfassen sucht.

Blicken wir zunächst ganz grundsätzlich auf die wechselseitige Zuordnung zwischen den hier angesprochenen politisch-sozialen Aussagen des Deutschlandliedes und den Sozialprinzipien der katholischen Gesellschaftslehre, um dann Schlußfolgerungen für die Gemeinschaftsbezogenheit des Menschen zu ziehen.
Beginnen wir mit dem Wort *»Freiheit«*. Diesem Kernanliegen unserer westlichen Gesellschaftsordnung entspricht ganz offensichtlich das *Personalitätsprinzip*, das im christlichen Menschenbild gründet, denn – so formuliert es Kardinal Höffner – »Personalität bedeutet Freiheit«[2]. Wer anders als die menschliche Person ist frei? Weder Dinge, noch Pflanzen, noch Tiere! Selbst, wenn der Mensch gefesselt im Gefängnis sitzt, kann man ihm seine personale Freiheit nicht nehmen. So wird z. B. von der »Hugenottin Marie Durand und ihren Gefährtinnen, die im 17. Jahrhundert 38 Jahre lang in einem Turm ... eingekerkert« waren, gesagt, *sie* seien »die wahrhaft Freien in ihrem Land«[3] geblieben. Für den Christen spiegelt sich in der *Freiheit* des Menschen seine *Würde*, die zutiefst in seiner Gottebenbildlichkeit gründet.[4] Deshalb ist »der Mensch der Träger, Schöpfer und das Ziel aller gesellschaftlichen Einrichtungen«[5]. Eine Aussage von nicht zu unterschätzender Bedeutung!
Der Mensch aber ist als *Person* gerade nicht von seinen Mitmenschen *abgeschnitten*, sondern »aus seiner innersten Natur ein gesellschaftliches Wesen; ohne Beziehung zu den anderen kann er weder leben noch seine Anlagen zur Entfaltung bringen«[6]. Es ist ja die Begrenztheit »der eigenen Kräfte, die den Menschen stets von selbst dazu antreibt, sich mit andern zu gegenseitiger Hilfe und Unterstützung zu verbinden. ›Es ist besser, daß zwei zusammen seien, als daß einer allein stehe; sie haben den Vorteil ihrer Gemeinschaft‹«[7], so zitiert die erste Sozialenzyklika »Rerum novarum« das Buch Prediger aus dem Alten Testament. *Gemeinsamkeit* macht stark! *Das* ist der Grundgedanke des *Solidaritätsprinzips*, das ist auch der Sinn, den das Deutschlandlied mit dem Stichwort *»Einigkeit«* in Gemüt und Tat der Menschen singen will.
Bis hierher haben wir nun die *Freiheit der Person* und die *Einigkeit der*

Gemeinschaft bzw. Gesellschaft skizziert. Beide sind wie zwei Brennpunkte einer Ellipse. In dieser polaren Spannung nun steht der Mensch wie in einem elektrischen Wechselfeld, herausgefordert von seiner personalen Unverwechselbarkeit einerseits und seiner Sozialnatur andererseits. Doch *wie* soll diese spannungsreiche Beziehung zwischen menschlicher *Person* und *Gemeinschaft näherhin* gestaltet, je neu mit Leben erfüllt werden? Auf diese Frage antwortet der Dichter mit dem Hinweis auf das *»Recht«* bzw. die katholische Soziallehre mit dem *»Subsidiaritätsprinzip«*, das volkstümlich auch mit *»Hilfe zur Selbsthilfe«* übersetzt wird.

Recht und Subsidiarität

Wenden wir uns zunächst der Frage zu: Was leistet das *»Recht«* in dieser polaren Spannung von *Person* und *Gemeinschaft*, in die nun einmal jeder Mensch hineingeboren wird? An erster Stelle verteidigt es die dem Menschen kraft seiner Natur eigenen »unverletzlichen und unveräußerlichen« Grund- bzw. Menschenrechte – wie es das Grundgesetz sagt – und verpflichtet alle staatliche Gewalt, die unantastbare Würde des Menschen zu achten (vgl. GG Art. 1, Abs. 1). Alle sich dazugesellenden *positiven* Rechte, auf die der Einzelmensch einen Anspruch erheben kann, müssen sich an dieser Grundaussage orientieren. Andererseits aber nimmt das *Recht* den einzelnen *in die Pflicht*, wenn es gilt, die gemeinsamen Aufgaben in Staat und Gesellschaft *mitzutragen*, was immer auch bedeutet: mitzufinanzieren! Das *Recht* »balanciert« also die beiden Pole *»Freiheit der Person«* und *»Verbundenheit zu Einigkeit«* in Familie, Gruppe und Gesellschaft. Genau darauf aber zielt *auch* das *Subsidiaritätsprinzip*! Auch es beantwortet – auf seine Weise – die Grundsatzfrage, die da lautet: *Wer* hat im Konfliktsfalle die *»Vorfahrt«*, *wer dient wem* »in *erster* Linie«? Hierauf antwortet das *Subsidiaritätsprinzip* ohne jedes Wenn und Aber: »Jedwede Gesellschaftstätigkeit ist ja ihrem Wesen und Begriff nach subsidiär«[8], d. h. nur Hilfe zur Selbsthilfe. Das gilt für den Staat, die gesellschaftlichen Gruppen, für Schule und Universitäten, Kunst und Arbeitswelt, für Familien- und für Freundeskreise, nicht zuletzt – auch wenn es manchen verwundern mag – für die Ehe[9], ja *sogar* – wie Papst Pius XII. am 20. Februar 1946 vor den neuernannten Kardinälen ausdrücklich betont – »auch für das Leben der Kirche«[10]. Der sich anschließende Nebensatz – »ohne Nachteil für deren hierarchische Struktur« – ist eigentlich eine Selbstverständlichkeit. Denn, wie sollte die richtigverstandene Anwendung des gesellschaftlichen Optimierungsprinzips – denn genau das ist ja das Subsidiaritätsprinzip – der Kirche schaden bzw. der zum Dienst berufenen Hierarchie? Also: *Jede* Gesellschaftstätigkeit ist *nur* subsidiär! Das ist deutlich. Für uns allerdings ist es zunächst wohl überraschend, ja, möglicherweise beunruhigend. Wird dadurch nicht die Gemeinschaft *abgewertet, wird* sie nicht *zweitrangig* werden? Keineswegs! Die Gemeinschaft wird dadurch nicht abgewertet, denn ihr *Ziel* ist es ja, die Entfaltung der *Person* zu fördern. Auch kann man nicht sagen, die Gemeinschaft *werde* dann zweitrangig werden, denn sie *ist* es »ihrem Wesen und Begriff nach«[11] *von Anfang an*, und zwar grundsätzlich und in jeder Hinsicht!

Personreife als Ziel der Gemeinschaft

Das mag vor allem für deutsche Ohren nur schwer annehmbar erscheinen, denn in unserer Sprache hat das Wort *»gemeinsam«* nun einmal einen überaus guten Klang. Schlagen hier nicht die Herzen der meisten vor Freude ein wenig schneller? Die Erinnerung ruft ja vor allem die *schönen* Gemeinschaftserlebnisse aus Kindertagen ins helle Bewußtsein: Die Erzählungen der Großmutter vor dem Einschlafen, die Brett- und Würfelspiele im Freundes- und Familienkreis, das vertraute Beisammensein unter dem Weihnachtsbaum. Später die Lieder der Jugendbewegung am flackernden Lagerfeuer: »Einstmals, da war'n wir geborgen, brauchten für uns nicht zu sorgen, einstmals, da war'n wir zu Haus'.«
»Gemeinsamkeit« war wie ein anderes Wort für *»Leben«*, volles, gelungenes Leben. Und wer wollte *nicht* leben? – Völlig richtig gesehen, würde das Subsidiaritätsprinzip sagen, wenn es sprechen könnte. Denn *junge* Menschen – vor allem Kinder – *brauchen viel* Gemeinschaft. *Das* steht außer Frage! Aber darf man deshalb

diesen Zustand – unabhängig von der im Leben gewonnenen Reife eines Menschen – einfach bloß unverändert aufrechterhalten wollen, oder, wenn inzwischen verloren, wieder herzustellen suchen? Darf man für den Menschen, von dem der Papst erst wieder in seiner Enzyklika »Sollicitudo rei socialis« – Die soziale Sorge der Kirche – mit Nachdruck betont, er sei »ja nicht . . . unbeweglich und statisch geschaffen« (Ziff. 30), für alle Zeiten fordern: »Die Gemeinschaft . . . muß sehr eng *bleiben*«[12]? Wer einen solchen Rat leichthin gibt und mit aller Energie verwirklichen wollte, der würde bald schon – wie manche Eltern, die ihre Kinder nicht freigeben wollen – durch das Leben *selbst* belehrt werden, was bei näherem Zusehen ihm das Wort *»gemeinsam«* bereits zu erkennen gibt: Darin stecken – je nachdem wie man es abdeckt – zwei gar nicht so freundliche Wörter, nämlich *»gemein«* und *»einsam«*.

Einsamkeit – Gemeinsamkeit

Die erbittertsten Kämpfe der Weltgeschichte wurden und werden nicht auf den Schlachtfeldern, sondern in *gescheiterten Ehen* geführt. *Das* sollte uns *warnen*! Vielleicht aber geben uns die Wortteile *»gemein«* und *»einsam« selbst* einen wichtigen Hinweis für eine gute Lösung: Das seit über 30 Jahren verheiratete Psychologenehepaar Nena und George O'Neill sagt: »Wenn man es nicht ertragen kann, mit sich selbst *allein* zu sein, dann hat man wahrscheinlich noch nicht das Persönlichkeitsbewußtsein entwickelt, das für eine erfüllte Partnerschaft notwendig ist«.[13] Das heißt doch mit anderen Worten: Nur wer *Einsamkeit* verkraftet, der kann *Gemeinsamkeit* vor der *Gemeinheit* bewahren! Ohne den »Mut zu *einsamer Selbständigkeit*«[14], wie es die lettische Autorin Zenta Maurina einmal ausgedrückt hat, gibt es keine *reife Einigkeit*. Mit anderen Worten: Im Stichentscheid darf die *personale* – d. h. ja immer auch *einsame* – *Unverwechselbarkeit des Menschen* nicht der Einigkeit aller übrigen Menschen – ja nicht einmal der Kirche selbst – unterworfen werden. Das fordert der Respekt vor dem Gewissen.

Doch was wir so über die Psychologie und die Lehre vom Gewissen her entwickeln können, genau das lehrt klar und deutlich das

Subsidiaritätsprinzip: An allererster Stelle steht die *Würde* der Person, die Einmaligkeit des Menschen, der ja Gottes Ebenbild ist. *Dann* erst kommt – und nur soweit sie als Hilfe wirklich *vonnöten* ist – die Gesellschaftstätigkeit, die wir bei unmittelbar menschlicher Nähe und Zuwendung »*Gemeinschaft*« nennen.
Aus der genau gegenteiligen Erfahrung eines Landes, das Staat und Gesellschaft dem einzelnen Menschen im Stichentscheid vorzieht, antwortet der Dichter Reiner Kunze auf die Frage seiner Tochter: »›Angenommen ... du könntest jetzt ein Flugblatt machen. Was würdest du da schreiben?‹« nach einigem Nachdenken in seinem »Flugblatt Nr. 1« mit einem Zitat von Kurt Tucholsky so: »›Und wenn alles vorüber ist –; wenn sich das alles totgelaufen hat: ... die Wonne, in Massen aufzutreten ... und in Gruppen Fahnen zu schwenken ... Dann wird einer kommen, der wird eine geradezu donnernde Entdeckung machen: er wird den *Einzelmenschen* entdecken. Er wird sagen: es gibt einen Organismus, Mensch geheißen, auf den kommt es an. Und ob der glücklich ist, das ist die Frage. Daß er frei ist, das ist das Ziel. Gruppen sind *etwas Sekundäres* ...‹«[15]. Drücken wir den damit deutlich gemachten *Vorrang des Einzelmenschen*, aber zugleich auch das Wagnis einer Gewissensentscheidung *gegen* eine Anpassung heischende Gesellschaft noch einmal mit den beiden Sprachkomponenten des Wortes »*gemeinsam*« aus, dann wird der reife Mensch möglicherweise die nicht immer leicht zu tragende Konsequenz ziehen müssen, in der er sagt: »Besser einsam als gemein«. Das leuchtet unmittelbar ein. Wer wollte schon die umgekehrte Parole ausgeben?

Freiheit erst, dann Recht und Einheit

Jedoch könnte der Satz »Besser einsam als gemein« dahin mißverstanden werden, als enthielte er die Aufforderung: »Suche *möglichst viel* Einsamkeit um jeden Preis«. Doch genau *das* tut er *nicht*! Ein solcher Satz wäre nämlich schlicht falsch. Er zeigt uns nur die »Vorfahrtsregel« für den *Grenzfall*. Es bedarf vielmehr – in der Regel – einer sinnvollen Balance zugunsten der Person, nämlich: Soviel *Freiheit* wie möglich und soviel *Einigkeit* wie nötig. Genau dies entspricht auch der inneren Wertordnung unseres Grundgesetzes, das ja vom christlichen Menschenbild geprägt ist. Damit haben wir eine Rechtsordnung, die der Person den Vorrang einräumt. Wenn nun diese Balance zwischen *Freiheit* und *Einigkeit, Personalität* und *Solidarität,* die jeweils dynamisch *neu* gefunden werden muß, d. h. dem jeweiligen Reifegrad der Beteiligten angemessen verwirklicht wird, und so unser aller Leben prägt, dann ist nach Hoffmann von Fallersleben »des Glückes Unterpfand« gesichert.

In der Sprache der katholischen Soziallehre lautet das so: *Personalität* und *Solidarität* sollen in dynamischer Wechselbeziehung zueinander stehen, wie das Subsidiaritätsprinzip es empfiehlt, nämlich: »Jedwede Gesellschaftstätigkeit ist ihrem Wesen und Begriff nach subsidiär«, *primär* – so können wir fortfahren – ist *nur* die *Person.* Wenn eine Gesellschaft diesem Sozialprinzip entsprechend gestaltet wird, *dann* ist das *Gemeinwohl* verwirklicht. Denn, so sagt es das Dekret über die Religionsfreiheit, Ziff. 6: »Das Gemeinwohl der Gesellschaft besteht in der Gesamtheit *jener* Bedingungen des sozialen Lebens, unter denen die Menschen ihre *eigene* Vervollkommnung in größerer Fülle und Freiheit erlangen können; es besteht besonders in der Wahrung der Rechte und Pflichten der menschlichen Person« (Hervorhebung v. Verf.).

Hören wir von hier aus noch einmal – gleichsam zu Haydns Kaiser-Hymne – den Helgoland-Text in einer leicht veränderten Fassung, die diesen *Vorrang* der *personalen Freiheit* als grundlegendes Bauelement jeder *geglückten Gemeinschaft* näherhin verdeutlicht:

Freiheit erst, dann Recht und Einheit,
glücklich sein soll jedermann.
Dann wird Einigkeit ermöglicht,
so daß *jeder* leben kann.

Danach laßt uns alle streben,
schwesterlich und brüderlich,
Freiheit, Einheit, Glück für alle,
führt vor Gottes Angesicht.

Gemeinschaft mit Gott

Doch spätestens hier sollten wir unserem Thema eine wichtige Ergänzung hinzufügen, die sowohl sozial als auch theologisch geboten erscheint: »Der Mensch als Wesen zur Gemeinschaft – *mit Gott*.«

Das ist keineswegs ein frommer Zusatz, den ein eifriger Theologe – um seines Faches willen – nachträglich noch anfügen will. Nein, er sagt vielmehr, daß *alle* menschliche Gemeinschaft nur *vorläufig* ist, eben *nicht selber* schon *Ziel* sein kann. Erst *in* Gott – oder deutlicher – wenn Gott »alles *in allem*«[16] geworden ist, wird der Mensch jene sich ständig *übertreffende Gemeinschaft* erfahren, die, weil sie nun *in völliger Freiheit* geschieht, Selbst und Du, Du- und Selbstfindung *je neu* und *offen* ermöglicht.

Genau *darin* dürfte das Erfüllende der Gemeinschaft mit Gott liegen, daß *er* uns nicht eifersüchtig *»haben«* und *»halten«* will. Im Gegenteil! Gott ist der Ursprung jener *Freigabe* zu je *größerer* Mündigkeit, die nicht nur weltfernes Wesenselement des »Deus semper maior« ist, sondern zugleich Grundlage einer jeden *gelingenden* menschlich-personalen Beziehung.

Ob der *Weg dorthin* uns nicht schon gezeigt ist? Ruft Jesu Beispiel uns nicht auf: Lebe »einfach« so, *als wäre* dieses Ziel bereits *heute* schon verwirklicht? Doch wie lautet dann die »Optimierungsregel« eines die personale Reife fördernden Lebens? »Liebe deinen Nächsten, wie du dich selbst liebst« (Mk 12,31). Oder: Gestatte deinem Nächsten zu lieben, wie du lieben möchtest.

Wer *heute* schon *so* lebt – und wäre er der ärmste Single – der wäre weder einsam noch je gemein, denn in *dem* wäre *Gott*, weil in *ihm* die *Liebe* wäre. Das läßt sich keiner Gemeinschaft *be*weisen, wohl aber *er*weisen.

Anmerkungen

1 Hier ist eine Radiosendung des Bayerischen Rundfunks zitiert, die nicht näher verifiziert werden konnte.
2 *Joseph Kardinal Höffner:* Christliche Gesellschaftslehre, Kevelaer [7]1978, S. 30.
3 *Ludwig Kaufmann:* Für Freimut in der Kirche, in: Orientierung, Nr. 3, 52. Jg., 15. Februar 1988, S. 25. Der Autor bezieht sich auf eine Rede von *Jürgen Moltmann.*
4 Vgl. Gaudium et spes, Ziff. 12.
5 Mater et magistra, Ziff. 219.
6 Gaudium et spes, Ziff. 12.
7 Rerum novarum, Ziff. 37 bzw. Pred 4,9.
8 Quadragesimo anno, Ziff. 79.
9 Vgl. Mk 12,25.
10 *Joseph Kardinal Höffner:* a.a.O., S. 53.
11 Quadragesimo anno, Ziff. 79.
12 Ad gentes, Ziff. 19.
13 *Nena und George O'Neill:* Die offene Ehe, Reinbek 1976, S. 58.
14 *Beatrice Eichmann-Leutenegger:* »Untilgbares Verlangen nach Freude ...«, in: Orientierung, Nr. 2, 52. Jg., 31. Januar 1988, S. 21–23, hier S. 21; Hervorhebung v. Verf.
15 *Reiner Kunze:* Die wunderbaren Jahre, Frankfurt am Main 1976, S. 53.
16 1 Kor 15,28.

5 Der Priester als Anwalt der Menschen

Liebe Christen! Woran kann man einen Priester erkennen? – könnten wir heute fragen, denn gerade in unseren Tagen ist diese Frage ja erneut aufgeworfen worden. Einen Priester muß man wieder erkennen können! Und da hören wir, woran man ihn erkennen kann – an seiner Kleidung. Woran schon sonst? Doch nehmen wir einmal an, es gäbe jemand, der eine andere Antwort geben möchte. Er würde sagen, bildhaft gesprochen, man muß »die Bäume an den Früchten erkennen« (vgl. Mt 7,20) und nicht an ihren Blättern. Und was ein Mensch ist, was ein Priester ist, müßte an *diesem* Maßstab erkannt werden.

Nun, nehmen wir einmal an, da gäbe es einen jungen Mann, hochbegabt, mit besten Berufsaussichten. Stets wird er jünger geschätzt als er ist. Eine hübsche Studentin träumt von diesem Mann. Mit ihm eine Familie gründen, mit ihm drei Kinder haben, ein Haus bauen, es sich gut gehen lassen. Darauf verzichtet er. Er will nicht nur *für wenige* dasein, die ihm besonders sympathisch sind. Er entschließt sich *für alle* dazusein, für die anderen dazusein, wer immer es sei. Ein waghalsiges Unternehmen in einer unsteten Zeit, das zum Be-ruf wird. Da braucht man ein Team, eine solidarische Gruppe. Die findet der junge Mann. Sie überträgt ihm ein Amt, eine Aufgabe. Schon bald leitet er stellvertretend ein Haus, in dem auch andere junge Menschen sich auf diesen Weg vorbereiten, der nicht immer einfach sein wird.

Der Wind einer Diktatur wird zum Sturm. Todesstrafe, wer eine Jüdin versteckt hält. Er wagt es und rettet eine Frau vor den Gaskammern. Als »1000 Jahre« in Trümmern gesunken sind, da braucht man ihn beim Aufbau und Ausbau eines bedeutenden Schulungskrankenhauses im Schatten von rheinischen Domtürmen. Hier ist Herz *und* Rechenstift erforderlich.

Als ein 700jähriges Jubiläum ins Haus bzw. in die Stadt steht, da schickt der Vertreter des höchsten aller Herrn aus einer sonnigen Stadt südlich der Alpen seinen Legaten. Der nimmt Wohnung in

jenem Krankenhaus. Auf einer Fahrt durch die Trümmer jener Domstadt sitzen beide im selben Auto. Die Menschenmasse führt dazu, daß die Kolonne ins Stocken gerät. Genau vor der Kamera eines Vaters. Der Legat winkt den bald 10jährigen Jungen des Vaters herbei und sagt mit italienischem Akzent »Fritzchen komm einmal her« und segnet den Jungen. Das Foto bewahrt den Augenblick. Viele Jahre später erst entdeckt man, daß jener Beifahrer des Legaten zum Hochschullehrer von »Fritzchen« wurde. Rund 30 Jahre später wird er der Doktorvater von »Fritzchen«. Doch zunächst trennen sich die Wege der einander noch Unbekannten.
Der Lehrer übernimmt eine Gemeinde zwischen den Domtürmen und der Universitätsstadt. Nur 15% der Leute kommen dort sonntags zusammen. Jahre später finden sich unter der neu erbauten Spannbetonkuppel, größer als jede weit und breit, gar 65% aller Mitglieder ein. Eine Wiese in der Nähe wird auf seinen Rat hin, lange bevor es eine ökologische Bewegung gibt, mit jungen Bäumen bepflanzt. Der Volksmund nennt bald dort die Straße nach ihm. Im Stadtplan steht es gedruckt – von wem schon zu Lebzeiten? Am »So-und-so-Wäldchen«.
Bereits jetzt rechnet »Mister 65%« noch spät abends landesweite Zahlen für ein offizielles Statistisches Jahrbuch. Für einen Zeitraum von über 32 Jahren veröffentlicht er diese Tabellen. Obwohl es wahrscheinlich weltweit nichts Gleichwertiges gibt, wird wohl erst die Geschichte ihm die Anerkennung zollen. Sind doch die meisten seiner Mitmenschen Zahlenlegastheniker. In 44 Universitätssemestern lehrt er Studentinnen, die er mit »Frau« anredet, und Studenten. Er lehrt die befreiende Botschaft. Und oft spricht er »die Sprache der Zahlen« im Bewußtsein, daß der »Chefkonstrukteur« und »Weltenstatistiker«, wie es das Buch der Weisheit einmal ausdrückt, alles geordnet habe »nach Maß, Zahl und Gewicht« (Weish 11,20).
Aber er spricht auch noch eine *andere* Sprache, die selbst in jenem wichtigen Brockhaus-Artikel und auch in Meyers 25bändiger Enzyklopädie, wo sein Name und seine Kurzbiographie steht, nicht erwähnt ist. Er spricht eine Sprache, die das Herz berührt. Hören wir ihn selber:[1]

Gerechtigkeit

Bei einem Freundeskreis sich fand
Ein Städter in dem Berg'schen Land,
Wo Nebel graue Schleier ziehn
Und lassen Phantasien blühn.

Und sprachen von Gerechtigkeit.

Ein Land, in dem in Tälern, Wäldern
Die Leute einsam bei den Feldern
Einst wohnten, die nur karges Brot
Gewährten in der häuf'gen Not.

Ersehnten die Gerechtigkeit.

Ein Land voll Ängsten und Gewalten,
Voll schauerhafter Spukgestalten,
In dem man in den früh'ren Jahren
Mit Hexen grausam ist verfahren.

So wollt' es die Gerechtigkeit.

Ein jeder konnte denunzieren
Und jeden vor Gericht zitieren,
Und nichts hat mehr den Lauf gehemmt,
Ein jeder wurde dann »geschwemmt«.

Sie hielten's für Gerechtigkeit.

Und diese sinnlose Tortur
Sie widerfuhr nicht Huzeln nur.
Nein, Frauen, Männer, Kinder, Greise
Man richtete sie scharenweise

Im Namen der Gerechtigkeit.

Von manch' Gehöfte, ist berichtet,
Hat alle Menschen man vernichtet.
Von einem Gute ist bekannt,
Hat man dreimal die Leut' verbrannt

Im Dienste der Gerechtigkeit.

Die Jungfrau'n in der Jugend Pracht.
»Der Teufel hat sie schön gemacht«.
Den Säugling selbst erfaßt' die Wut.
Er ward verbrannt als Teufelsbrut

Aus Liebe zur Gerechtigkeit.

Das Gottesurteil fand man gleich.
Man warf den Armen in den Teich;
Denn solcherart ward festgestellt,
Wie Satan sich zu ihm verhält.

Ein Zeichen der Gerechtigkeit.

Wenn er gefesselt untersank,
Im Wasser elendig ertrank,
Dann endete man alle Plagen.
Er ward als Christ zu Grab getragen.

Ein Opfer der Gerechtigkeit.

Doch anders, wenn er oben schwamm,
Weil man daraus die Einsicht nahm,
Der Teufel ihm die Luft einblies
Und ihn nicht untergehen ließ.

Das forderte Gerechtigkeit.

Er ward als schuldig kurzer Hand
Im Scheiterholze schnell verbrannt,
Und alle die Sympathisanten
Sie meistenteils gleich mit verbrannten.

Und glaubten an Gerechtigkeit.

Des Grafen Vogt war wohlgenährt,
Er war studiert und aufgeklärt;
Doch hat den Fehler er gemacht,
Daß er gesagt, was er gedacht.

Das schien nicht die Gerechtigkeit.

Es wies als Hexenfreund ihn aus.
Man sperrt' ihn ins Gemeindehaus
Und sandte in die Stadt Legaten,
Um schnellstens das Gericht zu laden.

Zum Siege der Gerechtigkeit.

Die Nachricht kam dem Graf zu Ohren,
Der gab den Vogt noch nicht verloren.
Er kam mit seinen Reitersleuten,
Die mit dem Schwert den Vogt befreiten.

Zum Hohn schien's der Gerechtigkeit.

Doch als der Graf im fernen Land,
Da haben sie den Vogt verbrannt. –
Man sollte diese früh'ren Schrecken
Bei Gott doch heute nicht verstecken.

Sie meinten die Gerechtigkeit.

Es sollte wissen jedes Kind,
Wie Menschen oft gefährlich sind.
Es ändern sich nur die Vorzeichen;
Die Hysterien sind die gleichen.

Und meinen die Gerechtigkeit.

Ihr bringt sie in die Heilanstalten,
So sie nicht eure Maß' einhalten.
Ihr treibt sie aus mit Frau und Kind,
Wenn sie nicht eurer Rasse sind.

Und schwört auf die Gerechtigkeit.

Ihr haltet sie in engen Zäumen,
So sie noch von der Freiheit träumen.
Erschießt sie, wenn sie heimwärts fliehn,
Sich Kerkermauern zu entziehn

Und sagt, es sei Gerechtigkeit.

Und wenn sie eure Pläne hassen,
In eure Schemata nicht passen,
Die Menschen sind nun mal nicht gleich.
Ein jeder ist ein eigen Reich.

Nur das ist die Gerechtigkeit.

Wie häufig meinten schon Phantasten,
Wenn alle ihnen sich anpaßten,
Dann würden alle glücklich werden
Gleich wie geduld'ge Schafesherden.

Und nannten das Gerechtigkeit.

Gerechtigkeit schon oft fürwahr
Bloß ein gefährlich Schlagwort war.
Meist ward dadurch nur unbemerkt
Den Mächtigen die Macht gestärkt.

Ein Mißbrauch der Gerechtigkeit.

Die Kriege führten beide Seiten
Zumeist für die Gerechtigkeiten.
Die Menschen in der Blüte starben,
In Elend, Qual und Tod verdarben.

War das dann die Gerechtigkeit?

Mein Gott, welch unsagbares Leid
Geschah schon für Gerechtigkeit!
Für sie vollbracht' man aller Zeiten
Die unmenschlichsten Scheußlichkeiten

Zum Hohne der Gerechtigkeit.

Stellt endlich güt'ge Menschlichkeiten
noch über die Gerechtigkeiten.
Gerechtigkeitsfanatiker
Seid Menschlichkeitspragmatiker

Im Sinne edler Menschlichkeit.

Fragen wir noch einmal, woran kann man einen Priester erkennen? An seinen Taten und an seinem Wort: Den Prälaten, Professor, den Priester Gottes und Anwalt der Menschen – Franz Groner. Wir sind heute sicher bewegt und betroffen und wünschen ihm noch viele gesunde Jahre im Weinberg Gottes.
Das wünschen wir ihm alle im Namen des Vaters und des Sohnes und des Heiligen Geistes.

Anmerkung

1 *Franz Groner,* Schmunzeleien, besinnliche Gedichte und Sonette, Bonn 1973, S. 32–36.

6 Propheten haben es schwer

Der Advent führt aus der Dunkelheit zum Licht. Eine Kerze nach der anderen zünden wir an. Aber nicht gleich am Anfang heißt es schon, wie das Thema dieses Sonntags, »Freuet Euch – Gaudete«. Das ist erst das *Ziel*. Jeder Advent lebt von seinen Vorläufern. Doch Vorläufer haben es schwer!

Als der Chorherr in Thorn sich zum Sterben anschickte, hatte er, beraten und gedrängt durch seine Freunde, jenes Buch aufs Sterbebett gelegt bekommen, in dem stand, was er, Nikolaus Kopernikus, über Erde und Sonne dachte. Doch das stand völlig im Widerspruch zu dem, was man sah, wenn man aus dem Fenster blickte. Er behauptete, nicht die Sonne dreht sich um die Erde, sondern umgekehrt. Allerdings, das klingt absurd! Er hatte gezögert. Sollte er dies allen menschlichen Eindrücken Widersprechende veröffentlichen? Doch er wurde so zum Vorläufer des heutigen Weltbildes! Johann Kepler, dessen Sterbehaus in Regensburg gezeigt wird, konnte mit den Berechnungen dieser Theorie nicht einmal »das Salz in der Suppe« für seine Familie verdienen. Da schrieb er Horoskope, unter anderem für Wallenstein. Auch Johann Kepler – ein Vorläufer der modernen Welt!

Als ein holländisches Feuerwehrteam jenes Bild bei Rembrandt van Rijn in Auftrag gegeben hatte, das heute als »Die Nachtwache« bekannt ist, da wollte man nicht zahlen, weil das Bild anders war als man es erwartet hatte: 1. Reihe – mit dem Vorstand in der Mitte, 2. Reihe – mit den einfachen Mitgliedern. Und nun, ein »wirres, aktives Durcheinander«. Einer auf dem Pferd mit schimmerndem Helm, andere zurück im Dunkeln. Rembrandt – ein Vorläufer neuer Malerei!

Als ein deutscher Priesteramtskandidat vor Jahren durch Zufall als Schüler im Hause eines Engländers wohnte – es war im Rahmen eines Schüleraustausches – entdeckte er nach ein paar Tagen, er wohnte im Haus des Zweithöchsten von Scotland Yard, ein Hochintellektueller war dieser Gastgeber. Aber wenn es um die Frage ging, man schrieb das Jahr 1956, ob je ein Mensch den Mond betreten würde und gesund zurückkäme, meinte dieser überaus tüchtige, brillante Engländer: »Das war noch nie und es wird nie sein«. Doch bereits 1969 machte Neil Armstrong jenen kleinen Schritt, der ein gigantischer Sprung für die Menschheit war. Vorläufer haben es schwer!

Als Pater Maximilian Kolbe hörte, wie Franz Gajowniczek, selektiert für den Hungerbunker in Auschwitz, vor sich hin sprach: »Meine arme Frau, meine armen Kinder, was wird mit meiner Familie«[1], da trat er vor und nahm die Stelle dieses Familienvaters ein, der später bei seiner Seligsprechung und Heiligsprechung in Rom dabei war. Damals bereits endete Auschwitz durch einen Vorläufer der Liebe!

Johannes Vianney, bekannt als der Pfarrer von Ars, war zurückgestellt worden. Man glaubte, er sei nicht intellektuell genug, um Priester zu werden. Heute ist er der Patron aller Seelsorger! Vorläufer haben es schwer!

Als jene Mutter in Bad Godesberg, sechs Monate vor dem Beschluß der Deutschen Bischofskonferenz, in einem Interview zur Pfarrgemeinderatswahl schrieb – sie hatte vier Kinder –: Es wär ihr lieb, wenn sie schon am Samstagabend der Sonntagspflicht nachkommen könnte, da rümpfte manch einer die Nase. Das war doch nie! Sie war eine Vorläuferin dieser Messe. Aber Vorläufer haben es schwer!

Warum eigentlich? Sie sollen *ein wenig* den Weg Gottes durch die Geschichte bahnen helfen. Keiner schafft alles alleine, jeder nur ein Stück von der »Autobahn« Gottes. Propheten sollen Wege bahnen und nicht Bunker bauen. Nicht die Felsenfestung Massada am Toten Meer ist das Bild für den Glaubenden. Nein, es gilt, in Zelten zu wohnen. Wir wissen, daß es in der geheimen Offenbarung heißt

(21,3): »Gott selbst wird bei ihnen zelten«. Er wird mit dem »Zirkuszelt der Überraschung« durch die Geschichte ziehen und *bei* den Menschen sein. Wege bahnen ist schwer, denn Vorläufer erkennen und machen durch ihr Leben deutlich: das, was *ist,* ist *vor-läufig.* Es ist *nicht* das Endgültige. Es ist nicht die verheißene Vollendung. Es ist begrenzte Wirklichkeit. Es ist nur »relativ«. Und wer erfährt, daß das, was er hat, seine Villa, seine Familie, sein Auto, sein Einkommen, seine Rente, nur vorläufig ist, der möchte sich nicht gerne da herausdrängen lassen. Je mehr er hat, um so mehr hängt er daran. Nur der Arme weiß, so wie es ist, kann es nicht bleiben. Es muß das größere, das unvorstellbar Schöne geben. Vorläufer erweisen die Welt als vor-läufig und dabei enttäuschen sie nicht wenige Menschen. Sie überwinden die Täuschung, sie ent-täuschen, weil sie aus dem Hier und Heute verweisen auf das, was kommen *wird.* Aber der Vorläufer enttäuscht – in diesem positiven Sinne – nicht nur andere. Allzuoft wird auch er selbst ent-täuscht.

Lieber Primiziant, sollte es Ihnen gelingen, nicht nur den Weg zu weisen, sondern ein Stück mitzugehen, nicht nur das Vor-läufige deutlich zu machen, sondern es selbst zu erfahren, nicht nur anderen die Täuschung zu nehmen, sondern auch in der eigenen Ent-täuschung den jeweils *größeren* Gott zu erkennen, dann wäre das bereits ein Anfang vom Advent Gottes. Dann wäre etwas geschehen von jenem Programm, das alle Propheten bewegt hat und das in Johannes dem Täufer seine Spitze erreicht auf Jesus hin. Sicher, wir sind Nachfolger des Mannes aus Nazaret, in dem Gottes Reich schon anbrach. Aber auch ihn selbst behandelte man wie einen Vorläufer. Doch sein Reich ist ja auch noch nicht in Herrlichkeit da. Wir erwarten es noch. Noch sind wir auf dem Weg aus dem Dunkel ins Licht. Aber wer *diesen Weg geht,* der wird erkennen, daß es keinen schöneren Beruf gibt, als Vorläufer zu sein, als das Vor-läufige zu wenden hin auf das große Ziel. Wenn einst die letzte Adventskerze der Weltgeschichte angezündet wird, dann wird klar, alles Vorläufige, alles Schwere, alles Bedrückende wird nicht mehr sein. Ja, wie es die geheime Offenbarung sagt (21,4): »Der Tod wird nicht mehr sein, keine Trauer, keine Klage, keine Mühsal. Denn was früher war, ist vergangen«. Die Vorläufer haben es gewendet – zum Guten. Alles Schwere ist dahin. Das wahre Glück wird kommen, die Verheißungen werden Wirklichkeit. Darum sehen wir so Priestertum *neu* in einer Welt, die sich eingräbt im Wohlstand. Sehen wir so Kirche *neu* als *pilgerndes* Gottesvolk. Sehen wir so ein Hoffnungslicht am Horizont. Nicht die Krise, nicht die Not, nicht der Tod behält das letzte Wort, sondern das ewige Leben. Darum: Gaudete – Freuet Euch im Herrn!

Anmerkung

1 *Franz-Xaver Lesch:* P. Maximilian Kolbe, Würzburg 1964, S. 38.

7 »Werdet wie die Kinder« – Gedanken zur Taufe

Liebe Familie des kleinen Luitpold, liebe Paten und Freunde! Jesus gibt uns heute in seiner Frohen Botschaft einen ganz ungewöhnlichen Rat. Er sagt nicht, die Kinder sollen werden wie die Erwachsenen, sondern er sagt, die Erwachsenen sollen werden wie die Kinder. Das ist ja geradezu umgekehrt, wie wir es vielleicht sagen würden. Weshalb wohl mag Jesus uns heute diesen Rat geben? Ich glaube, dafür können wir *drei Gründe* nennen:

Vertrauen

Wenn ein Kind geboren ist, dann erfährt es als erstes bei der Mama und dem Papa, daß es *geborgen* ist, daß es auf diese Menschen *vertrauen* kann. Das erfährt es noch nicht durch eine Rede. Das erfährt es durch ein Lächeln, das erfährt das Kind dadurch, daß es auf den Schoß genommen wird, daß es gefüttert wird und die warme Haut der Eltern spürt. Das erste, was ein Kind lernt, ist also Vertrauen. Doch viele Erwachsene haben überhaupt kein Vertrauen, sind immer vorsichtig, ängstlich, mißtrauisch. Ein Kind aber macht als allererstes die Erfahrung bei der Mama, bei dem Papa, ich darf *Vertrauen* haben. Da ist jemand, der ist gut zu mir, der will mir helfen. Hier bin ich geborgen.

Lernen

Und dann ist ein Zweites da. Ein Kind, das weiß ja noch nicht viel. Ein Kind will ständig *lernen.* Deshalb fragt es, sobald es zu sprechen beginnt: »Was ist das?« – Und: »Warum ist das?« – Diese Kinderfragen können selbst die klugen Leute manchmal nicht beantworten. Da fragt ein Kind: »Warum ist der Kreis rund?« – »Warum ist der Himmel blau?« – »Kommt mein Kaninchen, wenn es stirbt, auch in den Himmel?« – Da tun sich selbst die klugen Leute schwer, immer eine richtige Antwort zu geben. Und auch hier ist interessant, die Kinder haben einen großen *Hunger* zu lernen. Und sie lernen die tollsten Dinge in Sekundenschnelle. Wenn da ein Flugzeug kommt, dann lernen sie, daß man wirklich fliegen kann mit diesen Maschinen. Und wenn wir unsere Ur-Ur-Urgroßeltern gefragt hätten, ob man einmal mit einem Flugzeug wird fliegen können, hätten sie wohl mit tiefer Überzeugung geantwortet: »Nein, das wird nie möglich sein«. Ich kann mich noch erinnern, daß vor vielen Jahren am Abend des Weihnachtsfestes die großen Leute zusammensaßen und meinten: »Zum Mond wird nie ein Mensch fliegen!« – Ein Kind aber sagt: »Warum denn nicht?« – Und inzwischen waren Menschen schon oben. Kinder lernen sehr viel und sehr schnell. Warum lernen denn die Großen nicht so gut? – Sie glauben oft, die Antwort schon zu wissen.

Spielen

Und ein dritter Punkt, über den sollten wir nachdenken. Vertrauen, Lernen und das Dritte heißt Spielen. Kinder spielen gerne. Und wer spielen will, der muß viel Phantasie haben, der muß sich immer wieder etwas Neues einfallen lassen. Wie er sich verkleidet im Fasching, wie er dies und das macht. Und Kinder sind erfinderisch und können sich die tollsten Dinge ausdenken. Mit einem alten Lappen machen sie sich zur Prinzessin, mit einem gestreiften Handtuch zum Tiger, mit einem schwarzen Umhang zum Zauberer. Kinder haben viel Phantasie. Ihr ganzes Leben ist wie ein Spiel, und sie möchten gar nicht damit aufhören, und sie sind mit ganzem Herzen dabei, wenn sie spielen. So können wir alle von den Kindern *drei* Dinge lernen: Vertrauen, Lernen und Spielen. Nun werden wir uns sicher fragen: Was hat das mit dem Glauben zu tun? Wieso ist das so wichtig, um ein Freund von Jesus zu werden, ein Kind Gottes?

Die drei göttlichen Tugenden

Die großen Gottesgelehrten, auch der hl. Emmeram wohl, der hier beerdigt ist, wußten schon, daß es drei göttliche Tugenden gibt. Und die heißen Glauben, Hoffen und Lieben. Nun vergleichen wir einmal die drei »Dinge«, die für Kinder so wichtig sind, mit dem, was uns früher die großen Gottesgelehrten erklären wollten. Das Kind hat *Vertrauen.* Ist das nicht ein anderes Wort für *Glauben?* Glauben, daß Gott, wenn alle unsere Tage zu Ende gehen, daß Gott der gute Vater im Himmel ist. Glauben und Vertrauen sind das gleiche. Doch, was hat *Hoffen* und *Lernen* gemeinsam? Wer in die Schule geht und darf schon Buchstaben und Zahlen schreiben, der hofft ja, daß er eines Tages richtig rechnen und alles schreiben und lesen kann. Lernen hätte gar keinen Zweck, wenn man nicht die Hoffnung hätte, daß man »es packt«. Und sehr viele große Leute, sehr viele kluge Leute können nicht mehr hoffen, daß sie dieses und jenes auch noch schaffen. Wie oft sagen die großen Leute: »Nie«? oder: »Unmöglich«! Lernen und Hoffen sind verwandt. Und nun Spielen: Was hat *Spielen* mit *Lieben* zu tun? Wenn wir sagen könnten, es gibt einen Menschen, mit dem möchte ich mein ganzes Leben zusammen spielen, für den lasse ich mir immer etwas Neues einfallen, den möchte ich stets freudig überraschen, dem male ich ein Bild, dem bringe ich Blumen, dann wäre das nur ein anderer Ausdruck dafür, daß ich sagen will: »Diesen Menschen liebe ich!« – Vertrauen, Lernen, Spielen ist wie Glauben, Hoffen, Lieben. Und das können die Kinder so gut, daß Jesus glaubt, sie können es besser als die Großen. Denn ein Kind hat oft mehr Vertrauen als ein Großer. Und ein Kind lernt und hofft auf den Erfolg oft besser als die Weisen und Klugen. Und im Spielen sind die Kinder Weltmeister. Vielleicht auch im Lieben?

Das Kind als Vorbild

Und so sagt Jesus heute zu uns allen hier: »Guckt auf den kleinen Luitpold, das ist Euer Lehrmeister«. In den nächsten Jahren – und heute schon – guckt er so vertrauensvoll. Und damit sagt er uns:

Habt auch Ihr Vertrauen! Und er fängt an, alles zu erlernen und er wird hoffen, daß er bald mehr kann und immer mehr und immer Größeres. Und durch ihn sagt uns Jesus: »Lernt auch ihr immer dazu, auch wenn ihr groß seid und klug«. Und der kleine Luitpold wird jeden Tag spielen und er braucht oft nur ganz wenig, um sich das Tollste einfallen zu lassen. »Werdet wie Luitpold, der spielen will, und lernt – wie er – mit Phantasie stets Neues! Seid ideenreich, seid Menschen, die lieben.« Insofern hat Jesus sicher recht, daß die Großen viel lernen können von den Kleinen. Und daß in das Reich Gottes, in die ganz wunderbare Welt nur die kommen, die Vertrauen haben, die jeden Tag dazulernen wollen und deren Leben zu einem einzigen Spiel, zu einem einzigen Lieben wird. Wir können heute in diesem Vertrauen, in dieser Hoffnung nur wünschen, daß der kleine Luitpold, gleich durch die Taufe zum Gotteskind geworden, uns zum *Wegweiser* wird in eine gute, ja in eine bessere Zukunft. Sicher soll er groß werden und stark. Sicher soll er klug werden und weise. Aber vor allen Dingen soll er immer mehr zum Kind Gottes werden. Daß es auch uns gelingen möge, solche Kinder Gottes zu werden, das sei unsere Bitte am Tag der Taufe des kleinen Luitpold!

8 Gibt es ein neues Arbeitsverständnis?

Als mir kürzlich ein Installateur den Wasserhahn reparierte, da hob er den Kopf unter dem Waschbecken hervor und sagte: »Herr Kaplan, eigentlich werden die Wörter ›Arbeitnehmer‹ und ›Arbeitgeber‹ falsch gebraucht. Ich kann doch nur meine Arbeit geben, während der Unternehmer sie nimmt und nutzt; insofern ist er der Arbeitnehmer und ich bin der Arbeitgeber«. Zunächst war ich überrascht. Dann aber leuchtete mir dieser Gedanke durchaus ein. Mein Installateur sah in der bloßen Bereitstellung eines Arbeitsplatzes noch keine Arbeit; die brachte eben er selbst erst ein.
Aber wir haben uns an den anderen Gebrauch der Begriffe nun einmal gewöhnt – vielleicht weil »Geben seliger ist als Nehmen« – und wollen, um keine Sprachverwirrung auszulösen, hier auch beim üblichen Sprachgebrauch bleiben. Doch soviel sollten wir bereits gelernt haben: Manches vermeintlich Klare und Selbstverständliche ist keineswegs so selbstverständlich.
Mit dieser Vorwarnung machen wir uns nun auf den Weg, den unser Thema uns weist:

Fragen wir zunächst: Was ist denn Arbeit?

Im Physikunterricht haben wir gelernt: Arbeit ist definiert als Kraft × Weg! Eine Aussage, die uns hier wenig weiterhilft! Ein Handbuch der Ökonomie gibt die Auskunft: Arbeit ist ein Produktionsfaktor. Das wird niemand bestreiten, ist aber auch nur ein begrenzter Gesichtspunkt in unserem Themenspektrum. Meyers große 25bändige Enzyklopädie weist in Band 2 zunächst darauf hin, daß Arbeit ursprünglich die schwere körperliche Anstrengung im Sinne von Mühsal und Plage meint. Dann wird dort Arbeit umschrieben als »jede auf ein wirtschaftliches Ziel gerichtete planmäßige Tätigkeit des Menschen, gleichgültig ob geistige oder körperliche Kräfte eingesetzt werden«. Während wir als moderne

Menschen einer solchen Doppelaspektivität von geistigen und körperlichen Kräften unbefangen zustimmen können, war das in der Antike keineswegs so. Dort wurde die körperliche Arbeit den Sklaven zugewiesen. Jagd und Kriegshandwerk wurden hingegen sittlich hoch bewertet. Erneut das Lexikon: »Tugendhaft war Erwerb durch Blut und Schwert und nicht durch Schweiß und wirtschaftliche Betätigung«. Selbst der große Philosoph Platon meint, »daß Arbeit aus wirtschaftlichem Zwang der menschlichen Entfaltung im Wege stehe«. Demgegenüber erkannte Hegel, daß für arbeitsteilige Produktionsverfahren gilt, »daß der Mensch davon wegtreten und an seine Stelle die Maschine eintreten lassen kann, die physische Beschwerde der Arbeit werde aufgehoben durch angewandtes technisches Wissen«. Obwohl für Marx die Arbeitsteilung die Ursache der Entfremdung ist, so ist er doch »der Ansicht, daß es dem Menschen gelingen wird, die Arbeitszeit ständig einzuschränken und die Freizeit (Reich der Freiheit) auszudehnen«.

Doch die entscheidende Wende im Arbeitsverständnis von der Frühzeit zur Moderne ist mit den genannten Namen noch nicht angesprochen. Sie wird durch Juden- und Christentum markiert, durch Altes und Neues Testament.

Die biblische Vorstellung von Arbeit und Welt

»Wer ist der Vater der Mondfahrt?« fragte im Juli 1969 – nachdem Neil Armstrong jenen kleinen Schritt getan hatte, der für die Menschheit ein gigantischer Sprung war – ein Religionslehrer seine Oberstufenklasse am Konrad-Adenauer-Gymnasium in Bad Godesberg. Die jungen Leute meinten: »Hermann Oberth, Wernher von Braun, die Nasa-Ingenieure bzw. die russischen Sputnik-Konstrukteure von Baikunur«. Der Religionslehrer schüttelte immer wieder den Kopf. »Das sind die Urenkel jenes Vaters der Mondfahrt«, sagte er. Der wirkliche Vater der Mondfahrt ist jener Theologe, der in der Schöpfungserzählung des Alten Testamentes zwei Wörter für Mond »im Wörterbuch« stehen hatte – »sin« – das war das Mode-Fremdwort aus Assyrien und Babylonien und »jareach«, das heute noch in Israel für Mond üblich ist – aber keines dieser Wörter gebrauchte er. Er spricht von der »kleinen Lampe am nächtlichen Himmelszelt«. Weshalb? Hätte er gesagt »Jahwe hat den ›sin‹ gemacht«, dann hätten seine Zuhörer folgendes gehört: Der Gott Israels hat den höchsten Gott der Assyrer und Babylonier gezeugt, denn das war der Mond. Aber göttlich wäre er dadurch geblieben! Schon der Gedanke an eine Mondfahrt wäre bereits Gotteslästerung gewesen. So aber »schaltet« der Theologe im Buche Genesis die göttliche »Hochspannung« ab. Der Mond, der höchste aller Götter im Vorderen Orient – noch höher als der Sonnengott – wird zur bloßen Lampe, zu einem Ding erklärt. Bei der Sonne macht er es genauso. Pflanzen, Flüsse, Bäume, Meere, Samen und Tiere werden zur Nahrung, zum Arbeitsbereich des Menschen erklärt. Er soll sie nutzen, er soll sie lenken. Von mißbrauchen und verschmutzen steht nichts da! Den Menschen selbst nennt Gott »Adam«. Das war keineswegs ein Jungenvorname, wozu er erst später wurde. Das ist vielmehr eine Ableitung von »adama« – das heißt Erde, Materie – und kann mit »Erdling« übersetzt werden, »von-der-Materie-Genommener«. Modern gesprochen könnte man sagen: Gott nannte den Menschen DNS-Molekül, Desoxyribonukleinsäure oder einfach: »komplizierte Chemie«.

Glaube und Industriekultur

Und damit stehen wir mitten in unserer Zeit von Mondfahrt und Humangenetik! Das ganze Weltall wird im Alten Testament zum *Rohstoff* menschlicher Tat! Von Mißbrauch steht nichts da. Bonifatius konnte noch eine Eiche fällen, um diesen Glauben zu bezeugen. Folgt man der Rechnung des berühmten Atomphysikers Wilhelm Fucks, geboren ist er in meiner Heimatstadt Leverkusen, in weiten Kreisen bekannt geworden durch sein Buch »Formeln zur Macht«, so haben bis heute – im Höchstfall – rund 90 Milliarden Menschen in der ganzen Menschheitsgeschichte gelebt. Bezieht man diese auf die Zahl aller Spiralnebel im Weltall, so gibt es immer noch 10 Milliarden, das sind 10 000 Millionen, Milchstraßen mehr

im Universum als je Menschen gelebt haben. Wie sollen uns da die Rohstoffe ausgehen, wenn uns nicht Phantasie, Glaube und Hoffnung verläßt?
Diese kleine Rückschau läßt uns ahnen, mit welcher »Marschverpflegung« wir – und nicht nur Astronauten – in »Badezimmer kleine Kapseln klettern« könnten, um diese zu herrlichen Arbeitsplätzen zu machen. Mit Schöpfungstheologie im Rucksack! Mit christlicher Motivation!
Doch, wo – so werden Sie nun als Kolpingsfamilie fragen – bleiben die Regensburger Thesen? Von kleinen Retuschen abgesehen, kann man sie voll unterschreiben. Für eine bloße Wiederholung ist hier nicht die Zeit. Nur, die dort angesprochene Katholische Soziallehre, sie wird leider nicht ein einziges Mal zitiert, und der christliche Glaube sollen hier schwerpunktmäßig entfaltet werden. Dieser Glaube ist nämlich das »Vorzeichen« der Regensburger Thesen. Würde man die einzelnen Aussagen davon abkoppeln, so könnte man sie wohl stückweise aus dem Ahlener Programm der CDU, dem Godesberger Programm der SPD und der Wahlplattform der Grünen zusammentragen. Das Unterscheidende für Kolping und die Welt von heute liegt in der Bindung an den christlichen Glauben. In seiner Perspektive wollen wir nun nach *vorne* blicken und fragen: *Wohin* strebt denn alle menschliche Arbeit? Was ist ihr tiefster, ihr letzter, ihr *spiritueller Sinn?* Gibt es ein neues Arbeitsverständnis? Hier lautet die Antwort eindeutig ja! Doch ehe wir dieses »Ja« näher erhellen, soll ein Vergleich klären helfen, was denn mit Verständnis, mit »Sinn« gemeint ist.

»Sinn« – was ist das?

Stellen wir uns vor, wir sehen in Großaufnahme auf einem Fernsehgerät einen Mann, der auf einer Treppenleiter steht und tapeziert. Die erste Bahn ist schon geklebt. Die zweite ist mustertreu und blasenfrei bereits angesetzt. Man sieht, da ist einer ganz bei der Sache. Nun fragen wir, ist das sinnvoll, was der Mann dort macht? Doch genau in diesem Augenblick, in dem wir ja sagen, »fährt die Kamera zurück«, also nicht im »blow up« heran, und die nähere Umgebung der Szene wird sichtbar. Wir erkennen, daß der Mann den Mauerrest eines auf Abriß stehenden Hauses tapeziert. Die Planierraupe fährt bereits auch auf diese Mauer zu. – Zweites Beispiel: Wir sehen auf dem Fernsehschirm, wie geschickte Damenhände einen Knopf ganz kunstgerecht »am Stielchen« auf ein Stück Textil nähen. Wir fragen, ist das sinnvoll? Kaum haben wir mit ja geantwortet, da fährt erneut die Kamera zurück, und wir erkennen, der Knopf sitzt mitten auf einem Taschentuch. – Drittes Beispiel: Etwas Schreckliches zeigt unser Fernsehbild: Ein Mann kneift »live« mit einer rostigen Kneifzange seinen linken kleinen Finger ab. Blut strömt! Jetzt sind wir in unserem Urteil sicher: Das ist sinnlos! Doch Sekunden später zeigt die Kamera die Umgebung dieser Szene: Auf dem Boden in der Wüste liegt eine Giftschlange, die den Mann gebissen hat, und die er blitzschnell erschossen hat. Dann amputiert er mit der Zange den Finger und rettet so sein Leben.

Ob etwas sinnvoll ist, das läßt sich aus der Einzelszene nicht mit Bestimmtheit klären. Erst der *Zusammenhang* gibt Auskunft über den *wahren* Sinn, erschließt Verständnis in seiner Tiefe. Doch je weiter der Kontext, je anders – möglicherweise – der Sinn. Nur wer die Spannweite von Alpha bis Omega dehnt, kann sicher sein, den Sinn seiner Arbeit richtig zu sehen. So weit diese Hilfsüberlegung!

Laborem exercens – eine neue Perspektive

Wenden wir uns nun wieder der inhaltlichen Seite zu. Das »Alpha« der Weltgeschichte ist für den Christen die *Schöpfung* durch Gott, der sosehr arbeitet, daß er – bildhaft gesprochen – am siebten Tag »verschnaufen« muß. Doch was ist das *»Omega«* aller Geschichte, aller Arbeit? Zur Beantwortung dieser Frage wenden wir uns nun jenem großen Dokument der Kirche unserer Tage zu, das, wie wir heute wohl wissen, mächtigen Geheimdiensten sogar ein Papstattentat wert war: Laborem exercens.

Tatsächlich ist diese Sozialenzyklika von historischer und theologischer Brisanz wie wohl keine andere. Allerdings kaum wegen der häufigen Forderung nach Solidarität, was ja auf polnisch »Solidarnosc« heißt, und Lech Walesa und seine Gewerkschafter wohl gefreut hat, noch wegen der wichtigen, aber keineswegs neuen Aussage vom »Vorrang der Arbeit vor dem Kapital«, die bei Licht besehen ja wohl selbstverständlich ist, sondern das brisant *Neue* dieses Dokumentes liegt – von der Diskussion bis heute *völlig unentdeckt!* – im Kapitel V »Elemente für eine Spiritualität der Arbeit«.

Resonanzraum: Schöpfungstheologie

Hier knüpft Laborem exercens an jene großen theologischen Traditionen an, die aus Altem und Neuem Testament schöpfen, vor allem aus dem Buche Genesis. Zunächst beschreibt der Papst in Ziff. 24 *drei Zielaspekte* einer Spiritualität der Arbeit. Nämlich *erstens:* Es sei ihr Sinn, »allen Menschen zu helfen, durch die Arbeit Gott, dem Schöpfer und Erlöser, näherzukommen«. »Durch die Arbeit«, wie ansonsten durch Gebet, Psalmen und geistliche Lieder? »Durch die Arbeit«, wie ansonsten durch den Gottesdienst? Offensichtlich! Schließlich sagt Jakobus schon, »reine, makellose Frömmigkeit vor Gott, dem Vater, ist es, sich der Witwen und Waisen in ihrer Bedrängnis anzunehmen« (Jak 1,27). Ferner sagt Paulus: »Brüder, bringt euren Leib als ein lebendiges, heiliges, Gott wohlgefälliges Opfer dar; das sei euer geistiger Gottesdienst« (Röm 12,1). Damit aber fällt ein neues Licht auf das, was der Mensch in seiner Berufswelt, ja, weit darüber hinaus tut. Die vermeintlich lupenreine Weltlichkeit im Berufsfeld eines Fließbandarbeiters oder Ingenieurs, einer Hausfrau oder eines Lehrers besteht in Wirklichkeit überhaupt nicht. Das ist bloß eine weltliche, wenn auch – selbst bei Christen und Theologen – weit verbreitete Fehlinterpretation. Der Christ weiß vielmehr aus dem Glauben: »Was ihr dem Geringsten meiner Brüder getan habt, das habt ihr mir getan« (Mt 25,40). Vor allem jener Fehlinterpretation müssen wir Christen entschiedener als bisher entgegentreten. Gottes- und Nächstenliebe durchdringen sich innerlich, sind wie kommunizierende Röhren, sind durch die Menschwerdung innerlich verknüpft.

Der *zweite Zielaspekt* einer christlichen Schau der Arbeit will dem Menschen helfen, sich bewußt zu werden, daß er durch seine Arbeit nicht nur dem Schöpfer und Erlöser näherkommt, sondern es ihm zugleich möglich ist, an dessen »Heilsplan für Mensch und Welt mitzuwirken«. Welch' großartige Perspektive! Was bei Ford in Köln oder Detroit geschieht oder in der Küche eines Lehmhauses in den Anden Perus, was an der Universität Regensburg erforscht wird oder bei Bayer Leverkusen, das alles ist, wenn es gemäß Gottes Willen geschieht, das heißt, dem Nächsten in Wahrheit zur Hilfe, ein Mitwirken an Gottes Heilsplan. Hierbei ist es wichtig, den Begriff *Nächstenliebe* nicht vorschnell *»sozialcaritativ«* zu verengen, sondern im Sinne der leiblichen Werke der Barmherzigkeit – man vergleiche ihre Bedeutung als gerichtsentscheidendes Handeln des Menschen – auf geradezu *jedes* menschliche Arbeiten auszudehnen. Ist die kostengünstige Konstruktion eines abgasfreien Autos und seine politische Verbindlichkeitserklärung wie auch dessen private Annahme und Finanzierung nicht ein modernes Werk leiblicher Barmherzigkeit? Der dem Willen Gottes entsprechende Weltdienst des arbeitenden Menschen ist, selbst wenn das der Mensch nicht immer ausdrücklich weiß, *»tatsächlich«* immer auch übernatürlich-bedeutsamer Heilsdienst, wenn auch *»anonymer Heilsdienst«* in vermeintlich bloß säkularem Weltdienst! Eine solche geistige Schau der Arbeit läßt eine »Abkoppelung« von *»bloß«* »weltlicher« Arbeit überhaupt nicht zu, es sei denn infolge eines Denkfehlers. Deshalb kann diese auch nicht gegen die übernatürliche Dimension des Glaubens ausgespielt werden. Nebenbei gesagt: Selbstverständlich ist durch diese Feststellung die »rechte Autonomie« der Weltsachbereiche nicht in Frage gestellt, wie das Konzil sie – zu Recht und mit Nachdruck – vertritt. Vielmehr ist diese Sachgesetzlichkeit – schöpfungstheologisch gesehen – die Arbeit *ermöglichende Vorgabe* des Kreators. Im strengen Sinne gibt es deshalb eigentlich keine »menschlichen Möglichkeiten«, sondern *nur göttliche Ermöglichungen* für den Menschen, die dieser entweder nutzt oder nicht nutzt. Die Basismöglichkeiten sind unmittelbares Werk des Schöpfers selbst, der Mensch hat nur in einem abgeleiteten Sinne Möglichkeiten.

Ein *dritter Zielaspekt* einer christlichen Sicht der Arbeit erkennt auf diesem Verstehenshintergrund, daß so alle Menschen »die Freundschaft mit Christus« vertiefen können, und zwar »in ihrem Leben«, näherhin hier, in ihrem Arbeitsleben, das vom Glauben her verstanden wird. Ja, durch den sich so in die Praxis umsetzenden Glauben nehmen die Menschen teil, wie es Laborem exercens mit dem Vatikanum II sagt, an Christi dreifacher »Mission als Priester, Prophet und König« (Ziff. 24).

Was heißt »nur Gott allein«?

Immer wieder kann man bei Theologen Wendungen lesen oder hören, die sich etwa so anhören: Dieses oder jenes Große würde oder könne nur Gott allein wirken. Es sei eschatologische Gabe Gottes, nicht menschliche Tat. Diese Aussage kann richtig sein, muß es aber nicht. Nämlich: Nicht selten gibt der Zusammenhang zu erkennen, daß bei dem Wort »eschatologisch«, endzeitlich, schlicht bloß *»an später«* gedacht wird. Wenn dadurch aber das Reich Gottes, die Königsherrschaft Gottes, ausschließlich in die Zukunft geschoben würde und ihr jedes gegenwärtige Moment abgesprochen werden soll, dann ist obige Aussage schlicht falsch! Denn, das hieße gegen Jesus stehen, der ja gerade die in der Gegenwart bereits anhebende *»Königsherrschaft Gottes«* verkündet hat. Ferner: Was ist mit der Formulierung »menschliche Tat« gemeint? Wenn damit ein gottfernes, titanenhaftes »Wir-haben-Dich-nicht-nötig«, »Wir-können-es-ohne-Gott« gemeint ist, dann ist obige Aussage richtig. Wenn aber der alle Möglichkeiten ermöglichende Schöpfergott den Menschen als seinen Mitarbeiter beruft, entsprechend dem Grundgedanken des Subsidiaritätsprinzips, also ihm Hilfe zur Selbsthilfe gewährt, dann ist jede wirklich menschliche Tat unverzichtbarer Baustein an der Vollendung der Welt. Sie enthält geheimnisvoll als vom Schöpfer ermöglichte menschliche Tat *selbst schon* ein *gegenwärtiges* Element *endzeitlicher* Gabe Gottes. Wer dies bestreitet und die so verstandene menschliche Tat der endzeitlichen Gabe Gottes wie einen Widerspruch gegenüberstellt, der muß sich auch der Folgen bewußt sein. Diese wären für eine christliche Schau der Arbeit verheerend, denn alles menschliche Tun wäre ohne eigentlichen Ernst, fände bloß in einer Art »Bewährungssandkasten« statt. Daß Johannes Paul II. sich dieser Gefahr voll bewußt ist und sie konsequent vermeidet, zeigt Laborem exercens, Ziff. 25. Dort sagt der Papst: »Im Wort der göttlichen Offenbarung ist diese fundamentale Wahrheit zutiefst eingeprägt, daß der *Mensch,* als Abbild Gottes geschaffen, *durch seine Arbeit am Werk des Schöpfers teilnimmt* und es im Rahmen seiner menschlichen Möglichkeiten in gewissem Sinne weiterentwickelt und *vollendet,* indem er unaufhörlich voranschreitet in der Entdekkung der Schätze und Werte, welche die gesamte Schöpfung in sich birgt« (vollendet: Hervorhebung v. Verf.). Eine großartige Perspektive für die Arbeit des Menschen, für ein *neues* Arbeitsverständnis! Der Mensch darf vom Glauben her sicher sein, daß er *»durch seine Arbeit* am Werk des *Schöpfers teilnimmt«,* dieses »weiterentwickelt«, ja, es »vollendet«! Eine ungeheure Aussage des Papstes. Daß der Satz, »daß der Mensch ... durch seine Arbeit am Werk des Schöpfers teilnimmt und es ... vollendet« nicht aus seiner vollen Wucht dadurch befreit werden kann, daß er dies »nur« »im Rahmen seiner menschlichen Möglichkeiten« tue, und dieses »nur« (?) »in gewissem Sinne« geschehe, wie der Text der Enzyklika ausweist, wurde bereits oben dargelegt. Denn, welchen Sinn hätte es, von der »Vollendung« der Schöpfung durch menschliche Arbeit zu sprechen, wenn dies schließlich doch »eigentlich« gar nicht gemeint ist, ja nicht gemeint sein dürfe, weil eine Irrlehre? Sollte man dann solch mißverständliche Aussagen nicht lieber ganz unterlassen oder besser klar und deutlich das »richtige« Gegenteil aussagen, nämlich: Mit der Vollendung der Schöpfung hat der Mensch und seine Arbeit *nichts zu tun,* das ist *allein* Gottes Werk? Nein, der Mensch wird durch seine Arbeit geradezu zum Kollegen Gottes! Daß ein solches Verständnis von göttlichem *in* menschlichem Handeln recht zutreffend Schöpfungsvollendung nach dem Grundgedanken »Hilfe zur Selbsthilfe« genannt werden darf, mag die folgende Erzählung beleuchten. Sie ist vom Verfasser im Stil der von Martin Buber gesammelten »Erzählungen der Chassidim« nachempfunden:

Einst kam jemand zu Rabbi Chanoch und bat ihn, er möge ihm erklären, warum – gemäß der Thora (also der Bibel) – Gott nur sechs von sieben Tagen an der Schöpfung gearbeitet habe und am siebten Tage ruhte, obwohl er doch noch so manches hätte zum Guten wenden können? Da antwortete ihm der Zaddik – d. h. der Gerechte –: Schau, so wie ein guter Vater oder ein kluger Lehrer nicht alles selber machen wird, wenn er seinen Sohn oder Schüler auf dem Wege des Selbertätigwerdens voranbringen will, so auch Gott. Denn er wollte nicht ohne Beteiligung des Menschen die Vollendung seines Werkes bewirken. Genau dies meint das Wort: »Bevölkert die Erde und macht sie euch untertan« (Gen 1,28).

Das Ruhen Gottes am siebten Tag schafft, bildhaft gesprochen, Raum für die Arbeit des Menschen, nimmt ihn als Abbild Gottes hinein in die *an sich* nur Gott *selbst* eigene Schöpfungsverantwortung. Der »Rückzug« Gottes ermöglicht des Menschen Verantwortung. Gott ist der Vater jeder »Mündigkeitsfreigabe«, jeder »Hilfe zur Selbsthilfe«.

Bald darauf fuhr Rabbi Chanoch fort: Daran, daß manch einer meint, er müsse selbst am Sabbat arbeiten, läßt sich erkennen, daß er, wenn er sich der Ruhe beraubt, einen schweren Fehler macht. Er sollte vielmehr nach dem Vorbilde Gottes sich selbst zurücknehmen und auch anderen Arbeit und Verantwortung übertragen. Im Resonanzraum einer umfassend zum Klingen zu bringenden Schöpfungstheologie wird also deutlich, daß das göttliche Handeln auch ein entsprechendes menschliches Handeln erfordert. Dieses Handeln wäre dann von der katholischen Soziallehre näher zu durchdenken und für die *Praxis* aufzubereiten. Fragt man nach einzelnen Themenschwerpunkten, so wird heute in vielen Varianten betont: Not, Hunger, Unfrieden seien die ureigensten Aktionsräume des Christen. Zweifellos sind das überaus wichtige Aufgabenbereiche für den Christen, doch das *ureigenste* Thema christlichen Glaubens heißt *Tod* und *Auferstehung!* Sagt doch schon Paulus: »Ist aber Christus nicht auferstanden, so ist euer Glaube nichtig« (1 Kor 15,17). Läßt sich eine katholische Soziallehre von diesem archimedischen Punkt des christlichen Glaubens abkoppeln, ohne daß sie den sozialen Aktivitäten, z. B. der Humanistischen Union, zum Verwechseln ähnlich würde? Genügt der Hinweis darauf, daß das Thema Tod und Auferstehung gemäß traditioneller Arbeitsteilung gut bei den Bibelwissenschaftlern und

Dogmatikern aufgehoben sei? Keineswegs! Zwar erscheint manchem eine solche Arbeitsteilung bequem, ja sie mag – gerade bei einem solchen Thema – ohne Alternative erscheinen. Denn: Wem fiele schon als Gesellschaftswissenschaftler hierzu etwas ein? Hat dieser zentrale Kern des Glaubens gesellschaftliche Folgen, die soziales Handeln und christliches Glauben geradezu zu zwei Seiten einer Münze machen?

Vollendung der Welt: Tod und Auferstehung

Doch wenden wir uns zunächst dem Thema Tod zu, einem nur zu oft tabuisierten Feld menschlicher Existenz. Der Tod ist der große Veränderer. Darin gleicht er der Arbeit. Wie sähe eine Welt ohne Tod aus? Wären nicht die Mächtigen von gestern aller Wahrscheinlichkeit nach noch die Mächtigen von heute? Würden sich ihre Fehler nicht fortsetzen, ja, weiter steigern? Könnten die Menschen, soweit sie selbst schon gut sind, etwas gegen diese machtvoll Bösen ausrichten? Eine Welt ohne Tod wäre unter heutigen Bedingungen geradezu zu fürchten. Wenn Paulus sagt: »Der Tod ist der Sold der Sünde« (Röm 6,23), dann gibt das auch einen guten soziologischen Sinn. Zwischen menschlicher Boshaftigkeit und dem Tod besteht offensichtlich ein innerer Zusammenhang: Der Tod ist die letzte Wirkung der Sünde, denn nur er gibt dem je größeren Guten, und damit dem Leben, immer wieder neu die entscheidende Chance. Auch der Umkehrschluß läßt sich unter sozialen Gesichtspunkten eindeutig als sinnvoll erweisen: Wären alle Menschen ohne Sünde, so wäre eine Welt ohne Tod *keine* Bedrohung mehr, sie wäre wieder der Garten Eden, der sie durch Gottes Schöpfungstat einst war, und der sie durch Jesu Kreuz und Auferstehung wieder werden soll. Der Weg, um den Tod im tiefsten überflüssig zu machen, ist deshalb die Bekämpfung der Sünde, und zwar in *jeder ihrer Formen,* nicht nur im privaten Bereich, sondern auch auf der gesellschaftlichen, auf der Arbeitsebene. Umkehr, Buße, Besserung müssen an der Wurzel der Sünde ihr Werk beginnen und durchdringen, bis alle Wirklichkeit davon verwandelt ist. Das aber ist ein hartes Stück *Arbeit.* Doch in dieser

Ausrichtung »der menschlichen Arbeit«, so der Papst in Laborem exercens, Ziff. 27, »findet der Christ einen kleinen Teil des Kreuzes Christi ... So bestätigt sich einerseits die Unausweichlichkeit des Kreuzes in der Spiritualität der menschlichen Arbeit; andererseits enthüllt sich bereits in diesem Mühsal-Kreuz ein neues Gut, das von der Arbeit ausgeht: von der Arbeit, verstanden in der Tiefe und Fülle ihrer Bedeutung – und *nie ohne die Arbeit*«, wie der Papst betont.

Arbeit und Auferstehung

Daß dieses »neue Gut ... *nie* ohne die Arbeit« entsteht, ist eine überaus bemerkenswerte Botschaft. Sie geht über die bereits in der Pastoralkonstitution, Ziff. 39, getroffene Aussage hinaus, nach der Gott bestimmten Menschen Gaben des Geistes gibt, damit sie »durch ihren Beruf die Voraussetzungen für das Himmelreich schaffen«. Gleiches gilt auch für die Lehre Papst Pauls VI. in der Enzyklika »Über den Fortschritt der Völker«, Populorum progressio, wenn er dort in Ziff. 27 sagt: »Nach dem Bilde Gottes geschaffen, muß der Mensch mit dem Schöpfer an der Vollendung der Schöpfung mitarbeiten«. Laborem exercens, Ziff. 27, geht deutlich über diese Aussagen hinaus, denn: Dieses »neue Gut« geht von der Arbeit aus und zwar *»nie ohne die Arbeit«!* Unmittelbar damit verknüpft Johannes Paul II. die rhetorische Frage: »Ist dieses *neue Gut* – eine Frucht der menschlichen Arbeit – schon ein kleiner Teil jener ›neuen Erde‹, wo die Gerechtigkeit wohnt?« Hier liegt die Antwort in der Frage selbst schon angedeutet, sie lautet: ja! Die sich daran anschließende Frage des Papstes ist *so* wohl noch *nie* kirchenamtlich gestellt worden. Sie ist das wirklich erschütternd *Neue* in der Enzyklika! Sie lautet: »In welchem Verhältnis steht es (gemeint ist das neue Gut, das von der Arbeit ausgeht und nie ohne die Arbeit; d. Verf.) zur *Auferstehung Christi,* wenn die vielfältige Mühsal der menschlichen Arbeit tatsächlich ein kleiner Teil des Kreuzes Christi ist?« Der sich anschließende Text sagt zwar: »Auch darauf sucht das Konzil eine Antwort zu geben«, doch läßt schon die Ausdrucksweise »*sucht* das Konzil« wie auch das im folgenden angeführte Zitat aus der Pastoralkonstitution, Ziff. 39, erkennen, daß die Antwort hier noch offenbleibt. Wie sollte auch das II. Vatikanische Konzil bereits eine Frage beantworten, die *so* noch nie gestellt worden war? Bringt man die Sinnspitze dieser päpstlichen Anfrage in eine Kurzformel, so könnte diese lauten: Welcher Zusammenhang besteht zwischen dem Werk unserer Arbeit und der Auferstehung Christi? Hier wird der gläubige Leser sich einer anderen Grundaussage erinnern, die der Synodenbeschluß »Unsere Hoffnung« (S. 90) in Würzburg so formuliert hat: »Im Blick auf diesen Jesus, den Gekreuzigten und Auferstandenen, erhoffen auch wir unsere Auferweckung der Toten«. Damit aber führt die Frage des Papstes – mit theologischer Notwendigkeit – zu einer weiteren Fragestellung: Welcher Zusammenhang besteht zwischen dem Werk *unserer Arbeit* und *unserer Auferstehung?* Eine Frage von höchstem persönlichen wie auch theologischen Rang! Ist doch die Auferweckung der Toten »keine schön ersonnene Utopie; sie wurzelt vielmehr im Zeugnis von Christi Auferstehung« (ebd. S. 91). Gerade weil dieses Hoffnungswort »von einer Zukunft für die Toten spricht, ist es ein Wort der Gerechtigkeit, ein Wort des Widerstandes gegen jeden Versuch, den immer wieder ersehnten und gesuchten Sinn menschlichen Lebens einfach zu halbieren und ihn allenfalls für die jeweils Kommenden, die Durchgekommenen, gewissermaßen für die glücklichen Endsieger und Nutznießer der Geschichte zu reservieren«, wie der Synodenbeschluß »Unsere Hoffnung« an gleicher Stelle so treffend herausarbeitet. So zentral und unverzichtbar das Anliegen, so stellt sich doch die Frage, führt nicht eine positive Antwort auf die Frage des Papstes automatisch zu einer »titanenhaften Selbstermächtigung« menschlicher Arbeit? Stünde ein solches Verständnis von Arbeit nicht »100%« dem christlichen Glauben entgegen? Keineswegs!

Greifen wir an dieser Stelle ein Wort der Heiligen Schrift auf, das sich – obwohl vom Text her klar und ohne bibelwissenschaftliche Probleme – kaum großer Beliebtheit bei den Predigern erfreut. Dabei befaßt es sich zentral mit den Wirkungen des Glaubens auf das Handeln. Es steht bei Mk 9,23 und lautet: »Was das Können betrifft, so ist dem alles möglich, der Glauben hat«. Ist hier nicht die

Brücke zwischen Glauben und Können unzweideutig angesprochen? Oder noch genauer gesagt: zwischen Glauben und Machenkönnen, Erarbeitenkönnen? Hier wird nicht gesagt, der, der Glauben hat, könne einiges, manches, allerhand, sondern er könne *alles* (omnia, πάντα; diese Wörter sind richtig übersetzt). Wie konnte man so lange an einem solchen klaren Wort vorbeigehen? Hatte man etwa Angst vor den dann zu ziehenden Folgerungen? Wäre es nur halb so oft zitiert worden wie die Stelle (Gen 1,28) – »Macht euch die Erde untertan« –, welche Kraft wäre für die Arbeitswelt daraus geflossen! Gilt es nicht, die so oft von Theologen beargwöhnte Machbarkeit vor diesem Hintergrund nicht länger zu verdächtigen? Ist doch aller technischer Fortschritt ambivalent, also doppeldeutig, zum Guten wie zum Schlechten zu gebrauchen? Nicht das Machen ist abzulehnen, sondern das *Falschmachen!* Ist doch der Mensch wirklich nur dort sittlich verantwortlich, wo er etwas *machen* kann! So lange die Menschen Erdbeben wie einst in San Francisco und Lissabon nicht verhindern können, tragen sie auch *keine* Verantwortung.
Läßt sich das Wort Jesu bei Markus mit seiner ganzen Wucht durchhalten? Gewinnt es nach bald zweitausend Jahren missionarischer Durchsäuerung der Welt, die die christliche Botschaft doch hoffentlich geleistet hat, nicht vielleicht doch eine größere Plausibilität als alle bisherigen Nichtverkünder für »realistisch« halten mochten? Ein modernes Gleichnis soll uns hier weiterhelfen:

Im Hobbyraum seines Hauses hat ein ideenreicher Ingenieur heimlich alle Teile eines VW-Käfers einzeln gut gelagert. Sogar ein Kanister mit Benzin fehlt nicht. Am Heiligen Abend führt er seinen Sohn, der gerade den Führerschein gemacht hat, in diesen Hobbyraum und sagt: »Hier ist dein Weihnachtsgeschenk! Wenn du alle Teile richtig zusammenfügst, dann hast du ein prächtiges Auto, das läuft und läuft und läuft«. Warum sollte nicht Gottes gute Schöpfung »alle Teile« zur Auferstehung bereits enthalten wie der Hobbyraum des Ingenieurs die Teile des Autos? Das Entdecken und Zusammenfinden wäre allerdings noch Aufgabe und Ziel der menschlichen Arbeit. Der Mensch würde so *mündiger Partner* seines himmlischen Vaters, des »Weltingenieurs«. Wenn jedoch der

Sohn hingeht und Pleuelstange oder Ventilstößel, Kipphebel und andere Teile seinen Freunden, die ihm helfen wollen, »um die Ohren schlägt«, dann folgt aus dieser bösen Tat *selbst* unmittelbar, daß die Vollendung verzögert oder verhindert wird.

So lange die Menschen sündigen, so lange widersetzen sie sich dem Weltvollendungsplan Gottes, an dem er den Menschen als sein Ebenbild partnerschaftlich beteiligen will. Aus dieser Sicht gewinnt dann allerdings das Tun und Lassen (!) des Menschen einen neuen, entscheidenden Ernst. Dort, wo der Mensch seine Arbeit ganz nach Gottes Gebot und an Jesu Beispiel orientiert, auch was die Hoffnungs*ziele* angeht, dort *ereignet* sich bereits, je neu und gegenwärtig, endzeitliche Gottesgabe. Dort wird genau jener Glaube aktuell, von dem Markus uns überliefert hat, daß er, was das Können betrifft, *alles* ermöglicht. Nur ist diese Zusage eben nicht punktuell-unmittelbar-mirakelhaft zu deuten, sondern als ein Weg *langfristiger* Zielverwirklichung »und nie ohne *Arbeit*«.

Hier erschließt sich der eigentliche Sinn der Arbeit ganz neu und umfassend im Horizont von Schöpfung und Auferstehung. Sicher wird wohl heute niemand die Anfrage des Papstes abschließend beantworten können. Aber vielleicht können wir im Zeitalter der beginnenden Humangenetik, Chromosomenchirurgie und Informatik, die wie jede technische Errungenschaft sicher *auch* mißbraucht werden können, doch *leichter* als unsere Vorfahren ahnen, daß nach Gottes Willen und im Rahmen der von *ihm* durch die Schöpfung ermöglichten Möglichkeiten der Mensch *durch seine Arbeit* aktiv an der *Vollendung* der Welt beteiligt ist, die Auferstehung nicht ausgenommen. Das »Wie« heute schon beschreiben zu wollen, wäre theologisch gesprochen »Apokalyptik«. Über das »Daß« aber weiß der Christ: »Was das Können betrifft« – das Erarbeitenkönnen – »so ist *dem* alles möglich, der Glauben *hat*«. Das ist das neue Arbeitsverständnis und zugleich Frage und Auftrag an uns!

9 Was haben moderne Technik und künftige Gesellschaft gemeinsam?

Zunächst mag es verwundern, daß hier in *einem* Satz das Gemeinsame von Technik und Gesellschaft erfragt wird. Sind das nicht zwei völlig *verschiedene* Bereiche – einerseits die moderne Technik und andererseits die künftige Gesellschaft? Technologie ist das Aufgabengebiet der Ingenieure, Gesellschaftswissenschaft das der Soziologen. Aber was hier als sehr verschieden erscheinen mag, kann vom theologischen Blickpunkt her durchaus als *eine* Sache betrachtet werden: Der eine Gott erschafft nicht eine Welt sich widersprechender Prinzipien. Darum kann der Theologe annehmen, daß zwischen Technologie und Gesellschaft eine tiefere Verbindung besteht, die sich auf der Ebene der Prinzipien durch sorgfältiges Nachdenken aufspüren läßt. Ferner gilt: Die Schöpfung ist noch nicht beendet, sie dauert an, ja, sie geht ständig weiter. Die *erste These* soll deshalb lauten: Die moderne Technik hätte sich ohne einen bestimmten Typ von Gesellschaft überhaupt nicht entwickelt. Darin könnte auch der Grund dafür zu finden sein, warum z. B. Alt-China oder Indien nicht die moderne Technik hervorgebracht haben. Der »Motor« für die Entwicklung einer modernen Technologie liegt im jüdischen und christlichen Schöpfungsverständnis. Diese These soll hier jedoch nicht ausführlich behandelt werden. Sie ist bereits von Max Weber und Wolfgang Büchel[1] dargelegt worden. Hier sollen vielmehr einige neue Anmerkungen zur Gesellschaft von gestern und heute vorgetragen werden.
In den USA wurde vor einigen Jahren der Begriff »Midlife crisis« geprägt. Es besteht heute kein Grund daran zu zweifeln, daß es ein derartiges Phänomen in Wirklichkeit auch gibt. Nur soll hier die Ansicht vertreten werden, daß es sich nicht an erster Stelle um eine *private* Krise handelt, verursacht durch die »Mitte des Lebens« im statistischen Sinne, sondern um eine Krise, die auf eine sogenannte »zweite Geburt« nach dem 40. Lebensjahr zurückzuführen ist. Zur Erläuterung diene das Schaubild auf S. 34 in diesem Buch.

Auf der waagrechten Linie ist die gesamte Menschheitsgeschichte vom Anfang bis zur Gegenwart dargestellt; die jeweilige mittlere Lebenserwartung einer Person ist auf der senkrechten Linie abgebildet. »P« steht für »Person« und »G« für »Gemeinschaft«. In früheren Zeiten lebten die Menschen nicht lange; sie starben sehr jung. Jede Person war umgeben von den Erfahrungen des Stammes oder der Gesellschaft. In rund 4 Millionen Jahren stieg die Lebenserwartung langsam aber stetig an. Die Gesellschaft war so immer etwas schneller im Sammeln von Wissen, als es einer einzelnen Person in ihrem kurzen Leben möglich gewesen wäre. So war der Einzelmensch sicher umgeben vom Wissen der Gesellschaft wie der Embryo im Mutterleib. In der letzten Periode, den letzten 150 Jahren, stieg in den *modernen* Staaten die Lebenserwartung durch den Fortschritt in der Medizin überraschend schnell auf das Doppelte von vorher an. 150 Jahre sind eine sehr kurze Zeit, um gesellschaftswirksam Wissen für langlebige Personen anzuhäufen. Eine Gesellschaft lernt durchaus dazu, aber nur sehr langsam. Studenten z. B. benötigen den Prüfungsdruck, um fleißig und erfolgreich zu studieren. Aber nicht nur dadurch sind sie schneller im Lernen als die gesamte Gesellschaft. 4 Millionen Jahre lang gab es nur eine kurzlebige Gesellschaft. Heute haben wir in den modernen Staaten – USA, Europa, Japan – eine langlebige Gesellschaft. Beinahe jeder kann das Alter von 70 oder 80 Jahren erreichen. Aber die Institutionen – Schulen, Universitäten, Kirchen, Gewerkschaften – sie alle haben noch keine ausreichende Erfahrung mit langlebigen Gesellschaften machen können. Es fehlt noch das genaue Wissen um die Problemlösungen in einer Langlebigkeitsgesellschaft. Sprechen wir nun über diesen Wissensmangel, so sprechen wir damit gleichzeitig über eine künftige Gesellschaft. Grundsätzlich ist es immer schwierig, wissenschaftlich über die *Zukunft* zu reden. Deshalb sollen hier schlicht *drei große Trends* vorgestellt werden, die sich sowohl für die moderne Technik als auch für die künftige Gesellschaft als gemeinsamer Schlüssel zum Erfolg erweisen lassen.

Den *ersten* großen Trend nenne ich die *»Ja- und Nein-Lösung«*. Uns wurde früher beigebracht, »ja« *oder* »nein« zu sagen. Das Erfolgsgeheimnis der modernen Technik aber sind die »Ja- *und* Nein-Lösungen«. Was bedeutet das? Nehmen wir z. B. Fensterglas, eine höchst interessante technische Erfindung. Es läßt das Licht und den Blick eines Menschen durch, die Hand eines Diebes oder Wind und Sturm jedoch nicht. Also: Licht hindurch – ja, aber Hand hindurch – nein! Ein anderes Beispiel ist der Ventilator. Deutsche Ingenieure hatten ein Problem zu lösen. Große Ventilatoren für U-Bahnen machten zu viel Lärm. Denn jeder Flügel des Ventilators erzeugt eine gewisse Frequenz. Bei 25 Flügeln entsteht durch »Addition« ein starker Lärm. Warum? – Weil alle Flügel *dieselbe* Form haben. Daraufhin konstruierten die Ingenieure Ventilatorenflügel von unterschiedlicher Form und sogleich war der Lärm gedämpft. Dies ist eine technische »Ja- und Nein-Lösung«: Ventilatorflügel – ja, von der gleichen Form – nein!

Alte Bergwerkseinfahrt als Beispiel für eine »Ja- und Nein-Lösung«[2]

Auf obigem Bild ist eine alte Bergwerkseinfahrt aus der Zeit noch vor der modernen Förderkorbtechnik zu sehen. Das Rad bewegt sich jeweils fünf Meter abwärts und fünf Meter aufwärts. Wenn nun ein Bergarbeiter immer zum gegenüberliegenden Trittbrett in seinem Tiefststand hinüberwechselte, fuhr er aufwärts; wechselte er jedoch auf das Trittbrett in seinem Höchststand, so fuhr er nach unten. Wie man leicht erkennt, ist es so möglich, »Ja« *und* »Nein«, »Auf« *und* »Ab« durch dieselbe Anlage zu verwirklichen.

Denkschema zur Intelligenz des Huhnes. Findet das Huhn den Weg zum Futter?

Beobachten wir hier einmal, wie Tiere gegebenenfalls Probleme lösen. Wir sehen ein Huhn auf dem Bild: Wird es den Weg zum Futter finden? Tatsächlich ist es sehr schwierig für das Huhn, da es gewohnt ist, *geradeaus* zum Futter zu gehen. Findet es aber dennoch den Weg, so wird das mehr vom Zufall bestimmt sein. Der Weg zum Futter ist nämlich eine »Ja- *und* Nein-Lösung«: Den Weg zum Futter gehen – ja, aber direkt – nein!

Nun dasselbe auf diesem Bild: Ein Affe bzw. eine Katze. Werden sie – je alleine – den Weg zum Futter finden? Die Antwort lautet: »ja«, denn beim Hineingehen nähern sie sich stets dem Futter. Stellen wir aber das Tier in die Mitte des schneckenförmigen Geheges und das Futter nach außen, so wird nur *ein* Tier den Weg nach draußen zum Futter finden: Es ist das intelligentere Tier – der

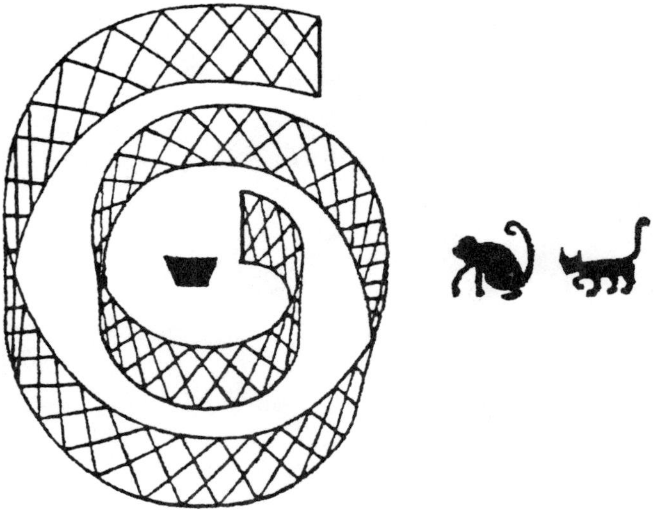

Denkschema zur Intelligenz von Katze und Affe. Finden die Tiere den Weg zum Futter? Und wie ist es, wenn die Tiere innen sind, und das Futter draußen ist?

Affe. Es ist also möglich, »Ja- und Nein-Lösungen« im Leben der Tiere zu beobachten. Läßt sich ähnliches bei der menschlichen Gesellschaft entdecken?

Die Menschen haben immer wieder *zwei* Neigungen bzw. Wünsche: einmal wollen sie mit anderen *zusammen* sein, zum anderen wollen sie von Zeit zu Zeit aber auch einmal alleine sein. Wie löst man nun dieses Problem? Wir bauen Zimmer mit Wänden und Türen. Dadurch können wir, wenn wir die Tür schließen, *allein* sein oder, wenn wir es wollen, im Wohnzimmer zusammenkommen. In wenigen Worten: Wir benötigen sowohl in der modernen Technik als auch in einer künftigen Gesellschaft, die Konflikte abbauen will, »Ja- und Nein-Lösungen«. Weitere Beispiele finden sich in meinem Buch »Subsidiäre Gesellschaft«[2], aus dem auch die Schaubilder entnommen sind.

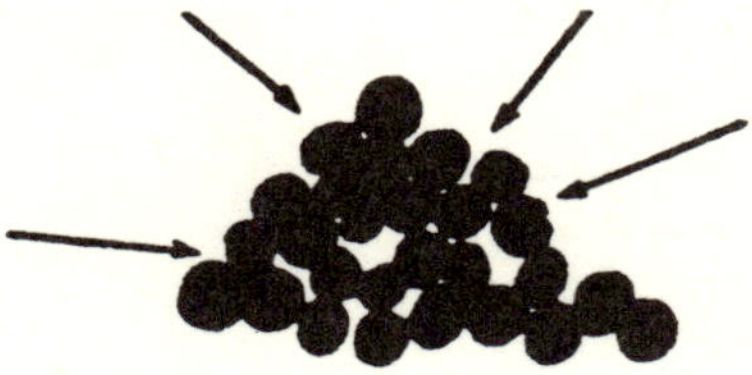

Die Menschen wollen zusammenkommen

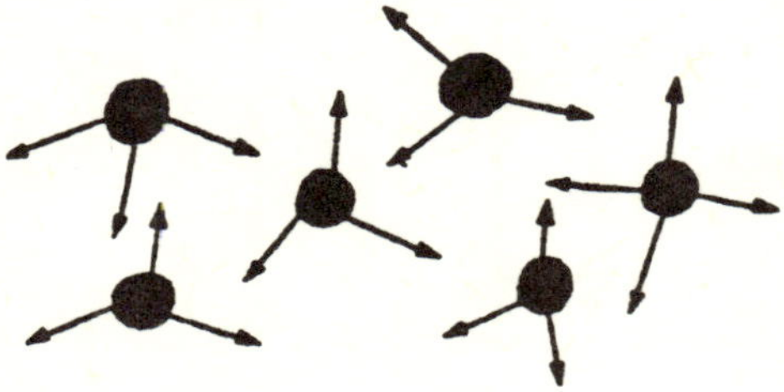

Die Menschen wollen getrennt leben

Mit Behausungen und Versorgungsnetzen regulieren sie ihre Entfernungen

Der *zweite* große Trend, der für Technik und Gesellschaft zugleich gilt, dürfte die *Asymmetrie* sein. In der Evolution aller Lebewesen läßt sich eine Entwicklung von der Symmetrie zur Asymmetrie beobachten. Einfache Zellen oder niedrige Tierarten weisen eine stark symmetrische Struktur auf. Das gilt entsprechend auch für einfache bzw. komplizierte chemische Verbindungen. Im Laufe der Evolution bekamen Tiere und Pflanzen, ja alle Lebewesen, einen zunehmend asymmetrischen Aufbau. Diese Entwicklung beginnt im Inneren der Körper, nicht von außen her. Zum Beispiel Magen und Darm eines Menschen sind eindeutig asymmetrisch geformt. Auch Tiere sind im Inneren asymmetrischer als außen. Diese Tatsache gilt eindeutig auch im Bereich der modernen Technik.

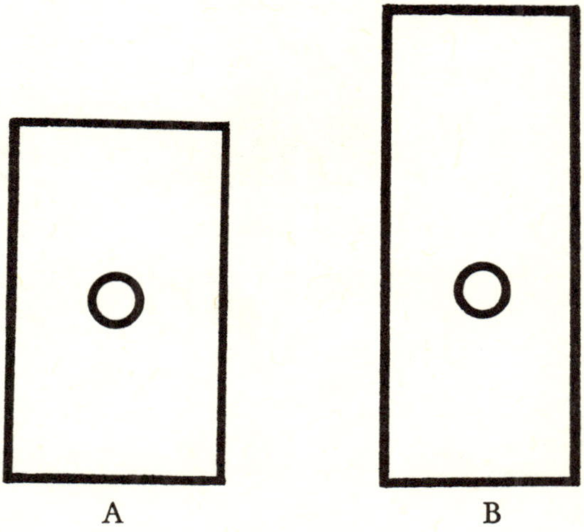

Beispiele für Symmetrie bzw. Asymmetrie in der Technik

Wir sehen auf dem Bild zwei Modelle einer Munddusche der amerikanischen Marke »Water Pik«. Welches Modell von beiden läßt sich auf den ersten Blick als das modernere Modell erkennen? *Links* ist die *ältere* und *rechts* die *modernere* Ausführung abgebildet! Oder nehmen Sie ein Auto. Dieses ist außen weniger asymmetrisch als unter der Motorhaube. Stellen wir uns vor, wir hätten einen Wettbewerb in einer Fernsehshow gewonnen. Nun gelte es, in nur einer Sekunde – wie bei »Dalli-Klick« – aufgrund zweier Fotos vom Motorraum zweier Autos den besseren Wagen auszuwählen. Nehmen Sie das Auto mit dem asymmetrischeren Motorinnenraum, dann haben Sie den Porsche oder Ferrari gewählt, auf keinen Fall ein billiges Auto. Das läßt sich entsprechend auf den Bereich der Gesellschaft übertragen.

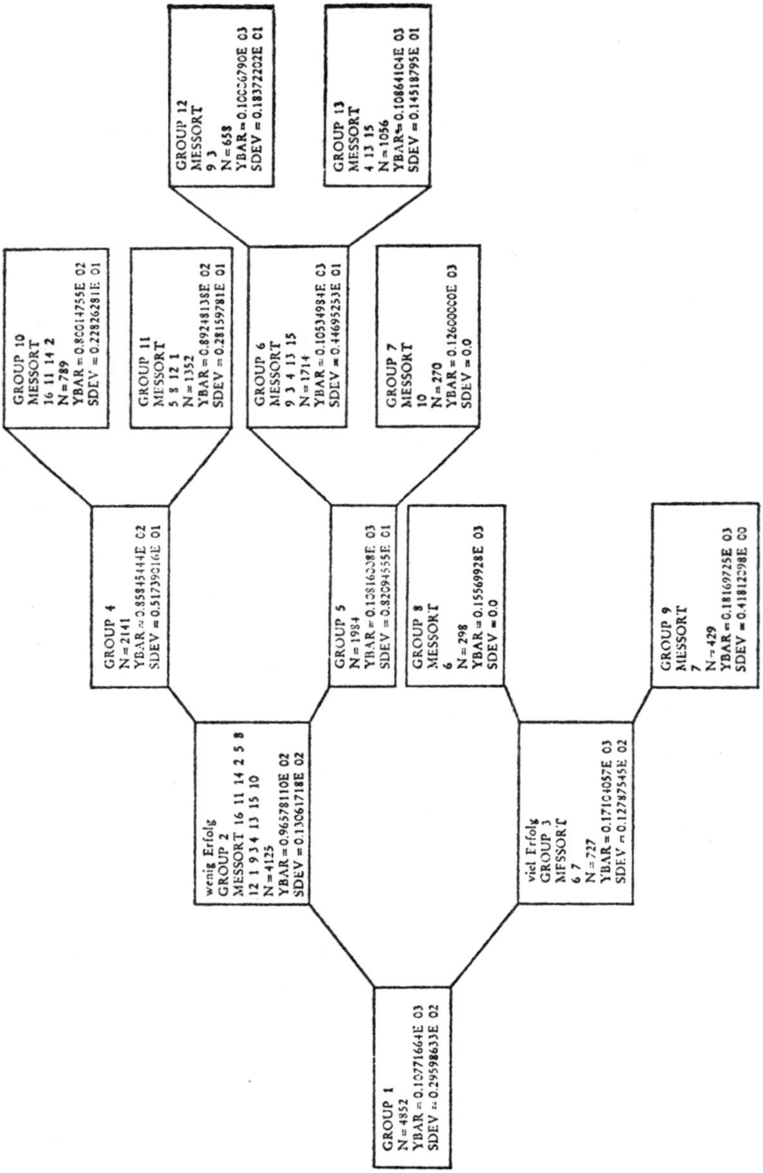

Graphische Darstellung einer Kontrastgruppenanalyse von Kirchgänger-gemeinden

In Leverkusen wurden bei einer Meinungsumfrage rund 36 000 Kirchenbesucher befragt. Die Daten wurden mit Computer ausgewertet. Ein wichtiges Ergebnis dieser Forschung zeigt das obige Bild: Wie wir sehen, ist ein asymmetrischer »Erfolgsstammbaum« zu erkennen. Hätte man statt dessen die Bevölkerung »in der Mitte« aufgeteilt und die »bessere Hälfte« im Vergleich zur »schlechteren Hälfte« ausgewertet, dann wäre – mit Sicherheit – die Untersuchung nicht zu einem so umwerfenden Ergebnis vorgedrungen, das hier allerdings nicht näher dargestellt zu werden braucht. Der Schlüssel zum Erfolg lag in der *Asymmetrie* der Auswertung.

Auf dem nächsten Bild ist eine Flasche Parfüm abgebildet. Fragen wir: Wo ist hier die größte Ordnung – im linken, mittleren oder im rechten Teil des Schaubildes? Viele Leute würden sich für die rechte Seite entscheiden. Doch das ist falsch! Die größte Ordnung herrscht – vom physikalischen Standpunkt aus – in der linken Teilabbildung. Auf der rechten Seite herrscht Entropie, also Unordnung. Wie kann man das auf einfache Weise erklären? Etwa so: Wenn alles, was in einem Raum an Einrichtungsgegenständen steht, in einer Mühle zu kleinen Stücken zermalmt würde, wäre das Ordnung? – Nein, das wäre keineswegs Ordnung, das wäre – physikalisch gesprochen – Entropie, also Unordnung! Kurz zwei Beispiele aus Japan: Der »Ni-Hong-Kai«-Nachtzug ist ein außergewöhnlich moderner Zug. Aber die Lampen in den Abteilen kann man nicht selbst ausschalten. Das macht der Schaffner für alle Leute im Zug gleichzeitig um 22.00 Uhr. Das ist Symmetrie! Ein weiteres Beispiel vom »Ni-Hong-Kai«-Zug: Heißes und kaltes Wasser kommen aus getrennten Hähnen. Eine »Mischbatterie« für jede gewünschte Temperatur gibt es nicht im Waschraum. Wir sehen: Ja *oder* nein, heiß *oder* kalt; auch das ist Symmetrie: auf der linken Seite heiß, auf der rechten Seite kalt. In unserer Gesellschaft, in den Familien, auch in der Kirche und an den Universitäten brauchen wir immer mehr »Ja- und Nein-Lösungen«; diese aber sind »asymmetrisch«, weil die Trennung zwischen ja und nein nicht notwendigerweise »in der Mitte« liegen wird.

Entropie

Die *dritte* große Linie, die eine künftige Gesellschaft mit der modernen Technik gemeinsam haben wird, ist die Tendenz zur Miniaturisierung und Dezentralisation, also »Klein-sein ist wunderbar«, oder: »Small is beautiful«. Moderne Computer sind sehr effektiv, vor allem, wenn sie klein sind. In den sogenannten »Angeberwitzen« werden zwar noch immer die Fische, die ein Mann geangelt hat, von Erzähler zu Erzähler größer, während unsere Computerchips immer kleiner und kleiner werden.
Aber warum ist diese Entwicklung zur Miniaturisierung so wirkungsvoll?

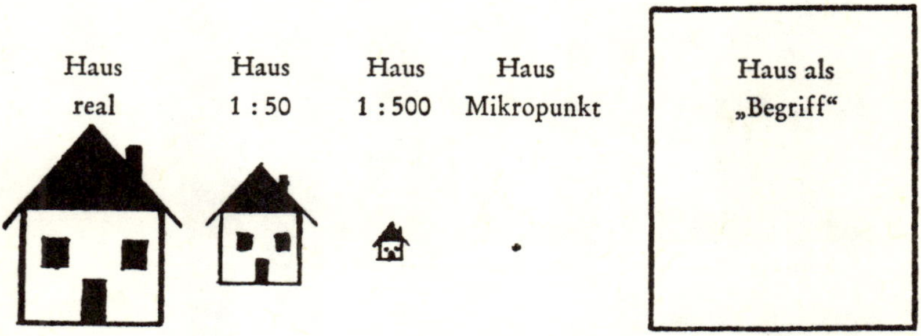

Miniaturisierung

Betrachten Sie das Bild: Ganz links ist ein wirkliches Haus abgebildet. Daneben sehen wir den Plan eines Hauses im Maßstab von 1:50. Es folgt ein Plan im Maßstab von 1:500 und rechts davon ist ein Haus in Form eines Mikropunktes abgebildet. Nun fragen wir uns: Was ist das kleinste »Haus«, das es je geben kann? Es ist ein Haus in Form des Begriffes »Haus«, denn Begriffe haben keine maßstäbliche Ausdehnung. Wir können in unserem »fußball-großen« Kopf geradezu das ganze Universum denken. Warum ist dies so praktisch? Wenn wir einen Fehler in der Realität machen, kostet das viel Geld und viel Zeit, um z. B. das Haus neu zu bauen. Zeit und Geld aber sind nun einmal knapp und deshalb »teuer«. Wenn wir dagegen einen Fehler nur im Kleinen und zugleich schnell machen, lernen wir auch schneller und sparen Zeit und Geld.

»Riese« neben dem Kölner Dom (Schaubild von Herbert Falken)

Mit diesem Bild soll der Trend von der anderen Seite veranschaulicht werden. Wir sehen den Kölner Dom mit seinen 157 Metern Höhe. Daneben stehe zunächst ein kleiner Mensch, der 1,57 Meter groß sei. Er sagt zu sich: Wenn ich 100mal größer wäre, dann wäre ich genauso hoch wie der Kölner Dom. Das ist richtig. Aber die Folge ist, daß er auf drei-dimensionaler Ebene größer werden müßte. 99 Leute nicht nur über seinem Kopf, dann würde er ja nur wie ein Bindfaden neben dem Dom sein, sondern es müßten auch 99 Leute vor ihm und 99 Leute neben ihm stehen. Dann würden bereits 100mal 100 Menschen, also 10 000, auf dem Boden vor dem Dom stehen. Diese müßte man 100mal übereinander denken. Dazu wären 1 Million Menschen nötig. Wollte die Stadt Köln einen solchen Riesen haben – die Bevölkerungszahl liegt etwas unter

1 Million – dann müßten die Bewohner ihr Einkommen mit diesem Riesen zur Hälfte teilen. Wir denken vielleicht bei dem Riesen: Das ist ein Märchen. Aber diesen Riesen gibt es wirklich; es ist der Staat. In Deutschland wird jede zweite Mark für den »Riesen« Staat bezahlt. 50% von unserem Geld, das wir ausgeben, ist für unseren »Riesen«. Sicher ist er gut für die Verteidigung, den Autobahnbau, die Bundesbahn und einige andere große und einfache Dinge. Erfindungen, neue Ideen, Kreativität dagegen, gehen nicht von diesem Riesen aus. Er kann nur wiederholen, was in der Zeitung von gestern stand. Und was Wissenschaftler heute diskutieren, das wird »der Staat« erst in 20 oder 30 Jahren einsehen.

Dies läßt sich auch gut anhand einer mathematischen Formel veranschaulichen (siehe S. 90).
Sie sehen auf folgendem Bild eine Kugel aus Knetgummi. Sie sei aus der Menge von einem Kubikmeter geformt worden. Die Oberfläche dieser Kugel beträgt weniger als 5 m^2. Wenn Sie diese Kugel nun in vier Stücke teilen und daraus vier kleinere Kugeln formen, dann bleibt das Volumen gleich, die Oberfläche aber wird fast bis auf 8 m^2 anwachsen. Das sind 159% Oberfläche, mehr als vorher. Formen wir nun aus jeder Kugel weitere vier Kugeln, so erhalten wir 16 Kugeln. Die Oberfläche beträgt jetzt mehr als 12 m^2. Das sind nun 252% Oberfläche. Das Volumen bleibt gleich, aber die Möglichkeit für Kontakte zur Außenwelt steigt so ganz erheblich.

Nehmen wir nun das *Gegenteil:* Wir hätten 16 kleine Schulen und wir müßten diese zu vier großen Schulen zusammenlegen. Wir wissen nun, daß dadurch der Kontakt zur Umwelt abnimmt. Im Bild gesprochen bedeutet das für die Eltern, Priester, Nachbarn, aus deren Ort die Kinder kommen, daß nun mehr Lehrer in diesen großen Schulen gebraucht werden, damit die Kontakte nicht völlig verlorengehen. Wieviel Knetgummi brauche ich zusätzlich, um mit vier Kugeln dieselbe Oberfläche zu erreichen wie mit 16 Kugeln? Einen weiteren Kubikmeter! Wenn wir aus diesen vier Schulen sogar nur noch *eine* Schule machen wollen, aber den gleichen Kontakt zu Eltern und Heimatdorf haben wollen wie ursprünglich bei den 16 Schulen, dann brauchen wir zusätzlich 3 m^3 »Knet-

Dezentralisierung bei konstantem Volumen: 1 m³

„Wachsende“ Oberfläche:

4,83 m² = 100% → 7,67 m² = 159% → 12,18 m² = 252%

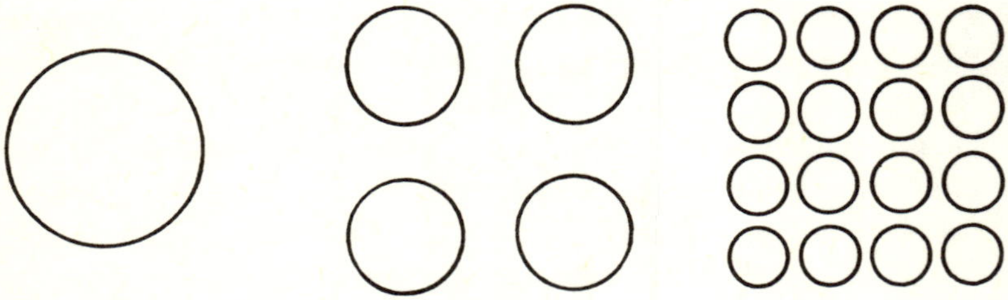

Zentralisierung bei konstanter Oberfläche: 12,18 m²

„Wachsendes“ Volumen:

4 m³ = 400% ← 2 m³ = 200% ← 1 m³ = 100%

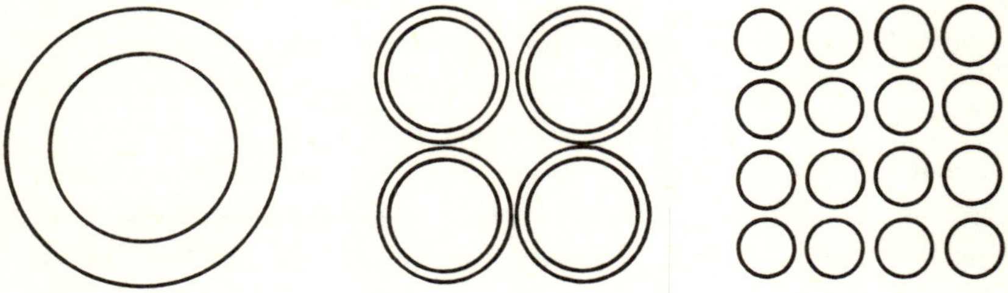

gummi« – sprich hier: Lehrer. Dieses Gleichnis macht deutlich, daß wir bei Dezentralisation mehr Kontakte zur Umwelt bekommen und daß dies nicht von der Mentalität bzw. dem Fleiß der Leute abhängt. Es ist vielmehr die Folge von mathematischen Tatsachen.

Nun das Gegenteil: Wenn wir zentralisieren, brauchen wir mehr Mitarbeiter, um mit allen in Kontakt zu kommen. Stellen wir uns vor, wir wären der Chef einer großen Firma und arbeiten in der »Mitte« dieses Unternehmens. Dann werden wir nicht die Zeit haben, alle Briefe zu lesen, die an uns gerichtet sind. Wir werden auch nicht die Zeit haben, alle Briefe zu lesen, die in unserem Namen verschickt werden. Außerdem gibt es im Zentrum von großen Organisationen fast kaum neue Ideen. Fragen wir nur: Wieviel Patente kamen in den letzten zehn Jahren aus dem Wissenschaftsministerium?
Alle Riesen sind teuer und zugleich recht schwerfällig. Das gilt auch für Riesen der Gesellschaft. Eine *künftige* Gesellschaft kann keine »riesenhafte« Gesellschaft sein, sonst würde sie nicht überleben. Das läßt sich auch für die katholische Kirche sagen. Würde der intelligenteste Mann der Nanzan Universität Papst werden, er würde eine Menge wissen von Japan, Korea und China. Aber was ist mit Ländern wie Belgien, Norwegen oder Finnland? Darum muß auch die Kirche in ihrer Struktur zunehmend *dezentralisiert* werden, z. B. indem man ein ergänzendes Kirchenrecht für neue Kontinentalpatriarchate ermöglicht. Dies ist nur *ein* Beispiel für eine Kirche, die asymmetrischer wird, »Ja- und Nein-Lösungen« entwickelt und die Bedeutung kleiner Gruppen erkennt und auch nutzt.

Fassen wir zusammen: Die alte Gesellschaft, die 4 Millionen Jahre lang eine *kurzlebige* Gesellschaft war, ist in den modernen Staaten verschwunden. Vielleicht gibt es sie noch in Afrika oder Papua-Neuguinea. In Zukunft wird sie auch dort auf dem Rückzug sein. Die *kommende* Gesellschaft wird immer mehr zur Langlebigkeitsgesellschaft. Sie wird aus Menschen mit viel Reife und großer Aufgeschlossenheit bestehen. Details kann man heute noch nicht beschreiben. Aber die künftige Gesellschaft wird *denselben Prinzipien* folgen, die von der modernen Technik bereits heute verwirklicht werden. Warum aber ist die moderne Technologie der Gesellschaft so sehr vorausgeeilt? Seit Galileo Galilei hat sich allmählich eine moderne Naturwissenschaft und Technik entwickelt, während das erste sozialwissenschaftliche Experiment überhaupt erst 1897 von Norman D. Triplett durchgeführt wurde. Er ließ Kinder unter verschiedenen Bedingungen Angelschnüre schnell aufwickeln. Die Naturwissenschaften im modernen Sinne haben also einen Vorsprung von 250 Jahren. Diese Lücke bei der Erforschung der Gesellschaft muß dringend ausgefüllt werden. Die Gesellschaft von morgen wird von der modernen Technologie und ihren Prinzipien viel lernen können: Danach besteht eine künftige Gesellschaft aus vielen kleinen Einheiten mit reifen Personen, die alt werden und dabei jung bleiben. Diese »kleine-Gruppen-Gesellschaft« wird ständig *asymmetrischer* werden. Sie wird immer neue »Ja- und Nein-Lösungen« suchen und finden. So wird eine künftige Gesellschaft eine friedlich-dezentral-pluriforme Gesellschaft sein. Die Kirche als Bewahrerin der großen Hoffnung auf das kommende Reich Gottes könnte der Welt in der Kraft des Glaubens hierbei vorausgehen!

Anmerkungen

1 *Wolfgang Büchel:* Gesellschaftliche Bedingungen der Naturwissenschaft, München 1975.

2 Dieses und die folgenden Schaubilder stammen aus *Lothar Schneider:* Subsidiäre Gesellschaft, Paderborn [2]1985.

10 Wirtschaftssysteme aus der Sicht der Sozialethik

Vorüberlegungen

Heute ist es modern geworden, statt schlicht von »Ordnungen« von »Strukturen« oder gar von »Systemen« zu reden. Ein »Hauch von Bedeutsamkeit« geht von solchen Wörtern aus. Für manchen sind sie gar so etwas wie »eine bunte Feder am Hut«, wie ein funkelnder Edelstein, der einem Gedanken Glanz verleihen soll. Sie schimmern geheimnisvoll; man weiß oft nicht so recht warum, aber gerade *das* scheint ihnen so etwas wie Autorität zu verleihen. Wir wollen deshalb zunächst dieses Geheimnis lüften helfen, denn auch aus der Sicht des Glaubens erscheinen Ordnungen, Strukturen, »Systeme« von nicht zu unterschätzender Bedeutung. So sagt z. B. der neue Katholische Erwachsenen-Katechismus (S. 99): dem Menschen begegnet der Wille Gottes »konkret in den Ordnungen und Strukturen der Welt«. Eine Aussage von ganz erheblicher Bedeutung! Vor allem in Hinblick auf die Tatsache, daß ja die Ordnungen, die Strukturen, die »Systeme« nicht *nur* als Schöpfungsordnung – gleichsam »fertig« – *vorgefunden* werden, sondern – und zwar ganz erheblich – *auch* vom Menschen *gestaltet* werden können, ja, gestaltet werden *sollen.* Für den Bereich der Wirtschaft ist dies ganz offensichtlich so. Doch – und das ist für uns die sozial*ethische* Frage – *wie* gestaltet man ein Wirtschaftssystem denn »richtig«? *Wie?*

Was heißt wirtschaften?

Zunächst könnten wir uns auf jene Begriffserklärung beziehen, die da sagt: »*Wirtschaften heißt, mit knappen Mitteln sparsam haushalten*«. Unmittelbar wird deutlich, daß von Verschwendung, von Ausbeutung, von einer Wegwerfhaltung *nicht* die Rede ist. Im Gegenteil! *Sparsamkeit* ist ein wichtiges Element des Wirtschaftens! Allerdings

– und das gilt es deutlich zu machen – ist Sparsamkeit keineswegs ein Selbstzweck. Sie verbindet vielmehr – wie eine Brücke zwei Ufer – nämlich die »knappen Mittel« einerseits mit dem »Haushalt« andererseits, um letzteren bestmöglich zu versorgen. Der Haushalt aber ist die vom *Menschen* gebildete kleinste Wirtschaftseinheit: *Er* – der *Mensch* – erweist sich auch hier als Schöpfer, Träger und Ziel (vgl. MM 219) allen Haushaltens, *ihm* hat die Wirtschaft zu dienen!
Damit dies aber möglichst gut gelingen kann, müssen die »knappen Mittel« sparsam eingesetzt, d. h. wohlabgewogen den zu lösenden Problemen zugeordnet werden. Wenn wir heute von »knappen Mitteln« sprechen, dann denken wir spontan daran, Rohstoffe einzusparen – besonders Energie –, Umweltbelastungen zu vermeiden, bereits eingetretene Schäden abzubauen und ähnliches mehr. An den *knappesten* aller »Rohstoffe« aber, oder – wie man heute zu sagen pflegt – Ressource, denkt – leider – so gut wie niemand: Das *ist* und *bleibt* mit seiner Kreativität der *Mensch! Er* ist die knappeste und damit auch zugleich kostbarste »Ressource« überhaupt, denn *Knappheit* und *Preis* bedingen – ökonomisch gesehen – einander, sind nur andere »Ausdrücke« für die gleiche Wirklichkeit. – Jetzt aber erscheint das Kostbarste, was wir haben, der Mensch, an *beiden Ufern* der Sparsamkeit: Er ist nicht *nur* die *Mitte des Haushalts,* er selbst ist *zugleich* auch der *»knappeste aller Produktionsfaktoren«;* ohne ihn gäbe es kein »know how«. Damit aber müssen wir das ursprünglich gebrauchte Bild von den beiden *Ufern,* das ja etwas Statisch-Unveränderliches an sich hat, weiterentwickeln, wir müssen ihm »Leben« verleihen, müssen es dynamisieren!

Wirtschaften als »dynamisches System«

Aus den beiden festgefügten und eindeutig getrennten »Ufern« – nämlich »knappe Mittel« und »Haushalten« – werden nun *zwei Pole* mit »Wechselspannung«, wird ein sich gegenseitig steuernder *Regelkreis,* also ein – um den Fachausdruck zu gebrauchen – kybernetisches System. Anders ausgedrückt: Aus einer ein für allemal *festgelegten* Ordnung wird ein pulsierendes Miteinander! Die »knappen Mittel« und der »haushaltende Mensch« treten ständig neu miteinander in Beziehung. Genau das aber ist das für uns bisher geheimnisvolle Kennzeichen eines *dynamischen Systems.* Von einem solchen System wissen wir unter den soeben bedachten Bedingungen nun schon *eines* mit Sicherheit: die *Sparsamkeit* darf *nie* gegen den *Menschen* ausgespielt werden, denn das hieße ja, irgend etwas – irrtümlicherweise – für bedeutsamer zu halten als ihn.

Doch – so werden wir nun fragen – lassen sich auf dem so skizzierten Hintergrund unserer Vorüberlegungen weitere, vertiefte Aussagen zur sozialethischen Grundlegung von Wirtschaftssystemen gewinnen? Kann dazu die katholische Soziallehre mit ihren Prinzipien etwas beitragen? Spätestens hier wird manch einer einwenden: Man solle doch die Eigenständigkeit der Wirtschaft, ihre Autonomie, unangetastet lassen und nicht durch Ethik oder gar Theologie verfremden; das seien doch schließlich völlig getrennte Bereiche!

Wirtschaft und Ethik nicht trennen!

Genau hier aber liegt bereits ein fundamentales Mißverständnis vor. »Noch Adam Smith, der Vater der modernen Nationalökonomie, hatte Ethik und Wirtschaftswissenschaften als einheitliches Fachgebiet zu vertreten. Er glaubte, von einem *einheitlichen* Wirklichkeitsverständnis ausgehen zu können, da die dem ›Buch der Natur‹ von Gott eingelegten Gesetze dem gleichen Willen entstammten wie die Gesetze im ›Buch der Schrift‹, womit er die Bibel meinte.«[1] Damit teilte er eine Sicht, wie sie schon Galileo Galilei (1633) vertreten hatte. Die sich entwickelnden einzelnen Fachrichtungen, z. B. in den Universitäten, führten – weithin sicher zu Recht – zu einer erhöhten arbeitsteiligen Spezialisierung, die auch in der Gesellschaft stattfand. Daß darüber aber – leider – nur zu oft das einheitsstiftende Fundament der Wirklichkeit im Sinne des lateinischen Wortes »universitas« – Universum – aus dem Blick geriet, wird man als »traurige Tatsache« allerdings nicht leugnen können. Ja, derjenige, der die ansonsten in Festreden immer wieder herbeigewünschte interdisziplinäre Forschung nun einmal im Rahmen seines Faches tatsächlich in Gang setzt, z. B. Ethik und Wirtschaftswissenschaft gleichzeitig zu bedenken, mußte und muß – je neu – den »Beweis der Erlaubtheit« dafür erst mitliefern, als sprächen exakte Forschungsregeln grundsätzlich gegen ein solches Vorhaben. Doch das ist ein Irrtum! Deshalb wollen wir hier zunächst einen solchen »interdisziplinären Umweg« zur Lösung unseres Themas beschreiten. Dabei soll nicht bloß der Hintergrund eines Wirtschaftssystems erhellt werden, sondern zunächst das Entscheidende von dynamischen Systemen überhaupt.

Zusammenschluß und Abgrenzung

Einen ersten Ausflug dieser Art machen wir – um Grundsätzliches zu klären – am Beispiel der Entwicklung des Lebens. Hoimar von Ditfurth, der sich durch die naturwissenschaftliche »Fernsehserie ›Querschnitt‹ weithin einen Namen gemacht hat«[2], weist in seinem Bestseller-Buch »Im Anfang war der Wasserstoff«[3] auf zwei Haupttendenzen der Evolution hin, von denen er sagt: »Die eine war der *Zusammenschluß* der Elemente ..., die dadurch die Elemente der ... nächsthöheren Stufe entstehen ließen. Die zweite bestand in der Tendenz ... zur zunehmenden *Abgrenzung* ... von der ... vorgegebenen Umwelt«[4]. Von letzterer sagt er in Hinblick auf die allen Lebensformen zugrundeliegende Zelle: Sie »ist in einem tieferen Sinn tatsächlich nichts anderes als die reinste Verkörperung eben dieses *Prinzips der Abgrenzung* von der *Umwelt.* Leben ist, wie das Beispiel der Zelle zeigt, ohne diese Abgrenzung überhaupt nicht denkbar ... nur (relativ) geschlossene Systeme [sind] lebensfähig«[5].

Person und Gesellschaft in der katholischen Soziallehre

Demnach wären *Zusammenschluß* und *Abgrenzung* zentrale Systemmerkmale, ja, geradezu System-Prinzipien. Bei näherem Betrachten wird ein Kenner der katholischen Soziallehre darin zwei ihm wohlbekannte Sozialprinzipien sich spiegeln sehen: Der Tendenz zum *Zusammenschluß* entspricht ganz offensichtlich das *Solidaritätsprinzip,* das die einzelnen zur gegenseitigen Hilfe zusammenbinden will; der Tendenz der *Abgrenzung* entspricht das *Personalitätsprinzip,* denn die einzelne Person ist ohne eine gewisse Abgrenzung überhaupt nicht denkbar. Damit aber zeigt sich, daß den beiden von Hoimar von Ditfurth skizzierten Haupttendenzen der Evolution – nämlich Abgrenzung und Zusammenschluß – in der katholischen Soziallehre *Person* und *Gesellschaft* entsprechen. Die sich daraus ergebende Wechselbeziehung von Person und Gesellschaft bildet für Wilhelm Schwer »das Grundproblem der Gesellschaftslehre« – und damit auch einer jeden systembezogenen Aussage –, »denn aus ihr erwächst die Frage, wie diese *beiden Pole der Spannung* zwischen Individuum und Gemeinschaft, die in jedem gesellschaftlichen Gebilde zutage tritt, *zueinanderzuordnen* seien ... Daher steht auch jede Gesellschaftslehre vor der Notwendigkeit, sich über die *Zueinanderordnung* der individuellen und sozialen Kräfte im Gesellschaftsleben und den Ausgleich ihres Widerstreites *grundsätzlich* zu entscheiden. Die Antwort bestimmt von Grund auf die ganze Gesellschaftsauffassung und nimmt die Lösung fast aller anderen gesellschaftlichen Probleme (Ehe, Familie, Staat, Recht, Arbeit, Eigentum) vorweg«[6]. So Wilhelm Schwer schon 1928!

Die Zueinanderordnung von Person und Gesellschaft ist auch – und das sei hier die Behauptung – grundlegend für den Aufbau von *Wirtschaftssystemen.* Damit lassen sich in großen Linien mindestens *zwei* mögliche Grundentscheidungen für Wirtschaftssysteme herausarbeiten:[7]

1. ein die *Person* in den Mittelpunkt stellendes System bzw.
2. ein die *Gesellschaft* vorziehendes Wirtschaftssystem.

Das Subsidiaritätsprinzip als Steuerregel

Wie sieht nun im Rahmen unserer Fragestellung hier die systemprägende Grundentscheidung der katholischen Soziallehre aus?

Welchem Wirtschaftssystem gibt sie den Vorrang? Und wie heißt die gesellschaftliche Grundregel, in der diese Entscheidung formuliert ist? Gemeint ist das sogenannte Subsidiaritätsprinzip. 1931 lehrt Papst Pius XI.: »Wie dasjenige, was der Einzelmensch aus eigener Initiative und mit seinen eigenen Kräften leisten kann, ihm nicht entzogen und der Gesellschaftstätigkeit zugewiesen werden darf, so verstößt es gegen die Gerechtigkeit, das, was die kleineren und untergeordneten Gemeinwesen leisten und zum guten Ende führen können, für die weitere und übergeordnete Gemeinschaft in Anspruch zu nehmen; zugleich ist es überaus nachteilig und verwirrt die ganze Gesellschaftsordnung. Jedwede Gesellschaftstätigkeit ist ja ihrem Wesen und Begriff nach »subsidiär«, nur »Hilfe zur Selbsthilfe«. Wie man sofort erkennt, stellt dieses Sozialprinzip eine *Steuerregel* zwischen Person und Gesellschaft dar bzw. zwischen personnaher oder personferner Gruppe, wobei eindeutig die *Person* bzw. die personnahe Gruppe im *Mittelpunkt* steht. Denn: »Jedwede Gesellschaftstätigkeit ist ja ihrem Wesen und Begriff nach (nur!) subsidiär«[8], nur *beispringende* Hilfe, wenn es nötig ist. So kann dann auch Papst Johannes XXIII. mit Bezug auf die kirchliche Soziallehre verkünden: »Nach dem obersten Grundsatz dieser Lehre muß der Mensch der Träger, Schöpfer und das Ziel aller gesellschaftlichen Einrichtungen sein«[9]. Hier stehen wir vor der die Person vorziehenden Grundentscheidung der katholischen Soziallehre. *Daß* sie die Person zum vorrangigen Ordnungselement aller gesellschaftlichen Systeme – und somit auch der Wirtschaft – erhebt, ist damit zweifelsfrei festgestellt. Nicht ebenso unmittelbar klar muß allerdings schon sein, *warum* sie dies tut. Hierzu muß man auf die schöpfungs- und erlösungstheologische Bedeutung des christlichen Menschenbildes blicken: Der Mensch ist Ebenbild Gottes, zu ewigem Leben berufen und durch Christi Erlösungstat – trotz seiner eigenen Schwächen – dazu auch unwiderruflich befähigt.

Ganz anders sieht die Grundentscheidung derer aus, die für den Menschen einen übernatürlichen Seinsgrund in Gott leugnen, ihm deshalb auch eine Möglichkeit, geschweige denn eine Berufung zu ewigem Leben absprechen müssen. Hier ist der Einzelmensch als bloßes »Zwischenprodukt« einer – letztendlich – zufälligen Evolution mit einer mittleren Lebenserwartung von rund 70 Jahren von nur *begrenzter* Bedeutung, wenn man die dort gemachten Grundannahmen konsequent weiterdenkt. Nicht *er* überlebt, sondern die *Gesellschaft.* Sie ist deshalb auch wertvoller als der Mensch. Der einzelne muß ihr gegenüber im Stichentscheid zurücktreten, ja, wenn es sein muß, »geopfert« werden. Dort heißt die Parole: *Gemeinwohl* geht vor Eigenwohl!

Völlig anders lautet hingegen das Gemeinwohl-Verständnis des II. Vatikanischen Konzils in der Erklärung über die Religionsfreiheit: »Das Gemeinwohl der Gesellschaft besteht in der Gesamtheit *jener* Bedingungen des sozialen Lebens, unter denen die Menschen ihre *eigene* Vervollkommnung in größerer Fülle und Freiheit erlangen können; es besteht besonders in der Wahrung der Rechte und Pflichten der menschlichen Person.«[10] Zwei systembedeutsame Vorentscheidungen, die selbstverständlich auch für Wirtschaftssysteme als grundlegend betrachtet werden müssen, sind jetzt klar herausgearbeitet und können einander gegenübergestellt werden: *Einmal* eine die Gesellschaft bevorzugende Grundentscheidung – Entsprechendes gilt auch für Aktiengesellschaften –, die das, was – wie sie meint – »überlebt«, nämlich diese Gesellschaft, für das Wichtigere erklärt. Die Person hat nur »Leben auf Zeit«, ihr steht der unwiderrufliche Tod immer schon vor Augen. Und *zweitens* eine die Person bevorzugende Grundentscheidung, die auf dem christlichen Menschenbild, auf der Gottesebenbildlichkeit des Menschen beruht, ja, auf verheißener und im Ostergeschehen Jesu bereits sich ereignender Auferstehung. Dieser Mensch weiß: »Der Tod wird nicht mehr sein, noch Trauer, noch Klage, noch Schmerz.«[11] Hier weitet sich die Hoffnung auf ewiges Leben hin!

Was bedeuten nun diese beiden Grundentscheidungen für sie prägende Systeme, hier näherhin Wirtschaftssysteme? Wir wollen unserer Antwort erneut zunächst ein Forschungsergebnis aus einem *anderen* Fachgebiet vorschalten, damit unser Urteil in Sachen Wirtschaft in einen weiten Horizont gestellt wird und so an Kreativität und Treffsicherheit gewinnt.

Der bekannte Verhaltensforscher Vitus B. Dröscher berichtet in seinem Buch »Überlebensformel« von einem Experiment des Mainzer Professors Rudolf Bilz, das dieser »Das Experiment mit der *Hoffnung*« genannt hat. Es ging dabei um »Versuche mit wilden, frisch eingefangenen Wanderratten. Wenn er solch ein Tier in einen großen Wasserkessel warf, an dessen Wänden es nicht hochklettern konnte, starb es nach etwa fünfzehn Minuten irrsinnigen Umherstrampelns den Streßtod. Normalerweise kann die Ratte bis zu 80 Stunden lang ununterbrochen schwimmen, ohne zu ertrinken. Folglich hat sie nicht die körperliche Anstrengung des Schwimmens umgebracht, sondern allein die Todesangst, aus dieser ausweglosen Situation nie wieder herauszukommen. Anderntags wurde dasselbe Experiment mit einer anderen Ratte wiederholt. Nur wurde zu diesem Tier bereits nach fünf Minuten eine Holzstange ins Becken gelehnt, an der es heraus und in ein weiches Nest hineinklettern konnte.

Wirft man dieselbe Ratte etwas später wieder ins Wasser, aber ohne ihr die rettende Holzstange zu reichen, denkt sie gar nicht daran, den *Streßtod* zu sterben. Sie paddelt und paddelt wie ein Langstreckenschwimmer an die 80 Stunden umher, voller Hoffnung, daß irgendwann doch wieder so eine hilfreiche Stange ihr ... zur Rettung werden könnte. Die Hoffnung auf Hilfe entschärft den Streß kolossal«[12]. Offensichtlich kann man an den beiden Ratten Entscheidendes für die Verwirklichung des Lebens- bzw. Systemerfolges ablesen:

1. *Nicht* die bloß *»objektive«* Faktenlage entscheidet über den wirtschaftlichen Erfolg eines Systems, denn um einen solchen handelt es sich ja, wenn man – wie wir es getan haben – Wirtschaft versteht als »mit knappen Mitteln sparsam haushalten«, sondern ganz

wesentlich für den Erfolg sind die *Hoffnungen* bzw. *Ängste* der wirtschaftenden Menschen. Diese aber sind nun einmal für von Menschen gesteuerte Wirtschaftssysteme eindeutig von ethischer, ja, letztlich theologischer Qualität.

2. Wer den Tod – und zwar den unwiderruflichen – vor Augen sieht, der gerät automatisch in Zeitnot. Er *überaktiviert* alle seine Kräfte in einem *verkürzten* Hoffnungshorizont und empfiehlt dieses Konzept auch allen anderen. Mit Macht nämlich soll in Kürze möglich werden, wozu ansonsten die Zeit nicht zu reichen scheint. Dabei schlägt Machtanwendung nur zu oft in *Gewalt* um. Deshalb rufen entsprechende Systeme – auch ökonomisch – nach der Revolution. Zwar beabsichtigen sie eine machtvolle *»Wende nach vorne«*, tatsächlich aber bewirken sie genau das, was der ursprüngliche Wortsinn »Revolution« an sich schon klar zu erkennen gibt, was aber – wie die tatsächlichen Wirkungen – immer wieder übersehen wird, sie bewirken in der Regel eine *»Re-volution«*, d. h. eine »Zurück-Entwicklung«.

3. Der Streßtod der ersten Ratte erweist sich bei näherem Zusehen als Folge einer verkrampften Zusammenfassung aller über den Organismus des Tieres verteilten Kräfte unter die Oberhoheit einer einzigen von Angst geschüttelten *Zentrale,* hier das Rattengehirn. Alle vegetativ im Körper vorhandenen Lockerungsmöglichkeiten werden so blockiert. Der Fehler der Zentrale überträgt sich nahtlos auf alle Fasern des Organismus. Der Streßtod ist also *zentraler* Herkunft. Damit aber wird – entsprechend – auch die Gefahr *zentralistisch-planender* Wirtschaftssysteme deutlich. Dies gilt in Ost, aber auch in West! Man denke bei uns nur an die AEG oder an die Neue Heimat! Von unserer Analyse her betrachtet überrascht dies in keiner Weise. Aber warum sollte auch eine treffende Diagnose mit der wirklich zu beobachtenden Krankheit auseinanderfallen? Fassen wir die negative Verursachungskette noch einmal kurz zusammen: Das größte Hemmnis für ein Wirtschafts- und Sozialsystem ist nicht so sehr die *»objektiv«* schwierige Faktenlage als vielmehr ein Mangel an Hoffnung und Ideen, der allzu leicht über *Zeitnot* in Resignation oder Gewaltanwendung abgleitet und dann als »Rettungsanker« die *Zentralisierung* zu Hilfe ruft. So entsteht dann leicht eine »Gesellschaft von oben«. Geboren wird

so sozialer wie wirtschaftlicher Mißerfolg. Das zu einem solchen Ergebnis führende System ist letztlich nichts anderes als die – folgerichtig – durchgeführte Entfaltung der zugrundeliegenden Hoffnungslosigkeit. Denn: *Geld* als letzter Wirtschaftszweck kann nicht hoffen! Völlig anders – und zwar erfolgreich – ist ein System, das die Entfaltung der durch Würde und Hoffnung aufgewerteten menschlichen Person fördert, wo der Mensch »Schöpfer und Ziel aller gesellschaftlichen Einrichtungen« ist, wie die katholische Soziallehre mit Nachdruck betont, wo jedwede Gesellschaftstätigkeit – auch in der Wirtschaft – ihrem Wesen und Begriff nach – nur – subsidiär ist, damit der *Mensch* wachse, reife und sich immer mehr vervollkommne und nicht nur die Dividenden!
Hier ergibt sich ein positiver Regelkreis, den man wohl wie folgt darstellen kann: Selbst bei einer »objektiv« schwierigen Faktenlage – wie z. B. der hohen Arbeitslosigkeit – kann das »Vorzeichen der Wirklichkeit« durch einen *»Hoffnungsimpuls«* mittel- und langfristig ins Positive gewandelt werden. Man vergleiche das oft vergessene, aber klare Wort Jesu bei Markus (9, 23): »Was das Können betrifft, so ist dem alles möglich, der Glauben hat«. Weder in Zeitnot noch in Hoffnungslosigkeit gerät also der Glaubende, auch nicht in »Ressourcenmangel«. Die Probleme *sind lösbar!* Das von mir entwickelte Arbeitszeitmodell einer »schwingenden 4-Tage-Woche« könnte hier als ein Beispiel dienen. – Für den Christen sind deshalb sowohl Resignation als auch die Anwendung von Gewalt – im Sinne von Unterwerfung anderer – mit dem Geist des Evangeliums *unvereinbar*. Jede unnötige *Zentralisation* wird er ablehnen, weil sie den Menschen in seiner Personentfaltung nur behindert, denn eine leichtfertige Verlagerung *»nach oben«* ist »überaus nachteilig und verwirrt die ganze Gesellschaftsordnung«[13], damit aber auch jedes konkrete Wirtschaftssystem. Von der Hoffnung des Glaubens beflügelt, zielt der Christ auf ein personnahes, »basisorientiertes« Wirtschaften, dem nicht nur das Subsidiaritätsprinzip einen bloß innerkirchlichen »Wechsel auf Erfolg« ausstellt, sondern der sich zweifelsohne auch im Alltag des Wirtschaftslebens immer neu als »gedeckt« erweist. Wen wird es da wundern, daß es bereits Forschungsentwürfe gibt, die sich zum Ziel setzen, das Subsidiaritätsprinzip »als ein der physikalisch-

kosmischen und der human-sozialen Welt gemeinsames Universalprinzip zu erweisen oder doch auf ein solches Universalprinzip zurückzuführen«[14], wie Oswald von Nell-Breuning betont.
Vor dem Hintergrund dieser Systemanalyse wird man die Frage stellen: Welche Konsequenzen ergeben sich nun für die Wirtschaftsordnung aus den bis hierher entwickelten sozialethischen und sozialtheologischen Grundsatzüberlegungen? Zunächst wird unmittelbar klar, daß es eindeutig eine fundamentale Wechselwirkung von Sozialethik und Wirtschaft *gibt,* und daß sie in einem *Menschenbild* gründet. Aufgrund des christlichen Menschenbildes wird man mit Papst Johannes Paul II. nachdrücklich fordern: »Man muß den Primat des Menschen im Produktionsprozeß, den Primat des Menschen gegenüber den Dingen unterstreichen und herausstellen«[15] und den Vorrang der kleinen Lebenskreise vor den übergeordneten.

Ausschau nach einem neuen Humanismus

Allerdings wird man sich dabei klar sein müssen, daß man – wie es ein Oswald von Nell-Breuning zugeschriebenes Wort sagt – »Prinzipien nicht melken« kann. Weil sich die sozialethischen und theologischen Grundaussagen so eindeutig formulieren lassen, kann deshalb keineswegs rezeptartig wie in einem Kochbuch und für alle Zukunft – gleichsam im vorhinein – das im Alltag Gebotene ein für allemal abgeleitet und als Handlungskatalog vorgelegt werden. Hier bedarf es des genauen Studiums der Situation der jeweils betroffenen Menschen, der vorgefundenen Faktenlage und der einschlägigen Wissenschaften, um so ein im Dialog gewonnenes Gesamturteil zu finden. Dies bedeutet allerdings nicht, daß die Kirche mit ihrer Soziallehre bloß eine lebensferne Theorie verträte, die den konkreten Alltag kaum berühre. Keineswegs! Hier sei an das Wort des großen Sozialpsychologen Kurt Lewin erinnert, der einmal gesagt hat: »Es gibt nichts, was so praktisch wäre wie eine gute Theorie«[16]. Dann wird man aber auch sagen müssen: Nichts ist so *gefährlich und hinderlich* für die Praxis wie eine *falsche* Theorie, besonders dann, wenn sie mit Eifer in die Tat umgesetzt wird.[17]

Die katholische Soziallehre ist im Lewinschen Sinne wahrhaft eine gute Theorie, weil sie den *Menschen* in umfassendster Weise ernst nimmt, auch im Bereich der Wirtschaft!

Sagen wir es noch einmal brennpunktartig verdichtet:

- Schöpfer, Träger und Ziel allen Wirtschaftens ist der *Mensch!*
- Er ist zugleich die kostbarste aller Ressourcen auf Erden, wahrscheinlich sogar im Weltall.
- Die wirksamste Energie für jede Wirtschaft ist die *Hoffnung,* die ihr zugrundeliegt.
- Die heute anstehenden Wirtschaftsprobleme – wie z. B. Arbeitslosigkeit, Ausbildungsplätze, Mitbestimmung und *Mitverantwortung,* Lohngerechtigkeit (Investivlohn), Mikroelektronik, Rentensicherung, um nur einige zu nennen – müssen aus der Sicht der katholischen Soziallehre mit Optimismus angegangen werden, und zwar in der Überzeugung, daß in Gottes guter Schöpfung *auch heute* – und nicht erst in den 90er Jahren – das Gute möglich ist!

In seiner Antrittsenzyklika Redemptor hominis macht Papst Johannes Paul II. dies mit Nachdruck deutlich: Der Mensch »darf nicht Sklave der Dinge, Sklave der Wirtschaftssysteme, Sklave der Produktion, Sklave der eigenen Produkte werden«[18]. Vielmehr gilt es, die »Königswürde« des Menschen zu verwirklichen. Sie »besteht im *Vorrang* der *Ethik* vor der Technik, im *Primat* der *Person* über die Dinge, in der *Überordnung* des *Geistes* über die Materie«[19]. *Das* ist der Grund, weshalb »die Wirtschaft *ausschließlich* dem *Menschen* zu dienen hat«[20].

Darum stellen wir uns als Kolpingsfamilie heute in Wuppertal–Elberfeld, wo der Schustergeselle und Kaplan Adolph Kolping 1846 den Gesellenverein des Lehrers Johann Gregor *Breuer* kennenlernte und zu einer – inzwischen – weltweiten Bewegung formte, stellen wir uns mit dem gleichen christlichen Optimismus gegen jede »expertengeprüfte Mutlosigkeit«, die heute oft *»in«* ist, auf die *Seite der Hoffnung.* Dann werden wir mit Phantasie, Tatkraft und Gottes Hilfe auch der modernen Wirtschaft heute eine neue Dimension aufprägen: Nämlich eine *christliche Zukunft* für Mensch, Familie und Arbeitswelt.

Anmerkungen

1 *Strohm, Theodor:* Vorwort des Herausgebers, in: Ders. (Hrsg.): Christliche Wirtschaftsethik vor neuen Aufgaben, Festgabe für Arthur Rich, Zürich 1980, S. 7–13, hier S. 7.
2 Verlagsvorwort: »Über dieses Buch«, in: *Ditfurth, Hoimar von*: Im Anfang war der Wasserstoff, Zürich 1978, S. 1.
3 *Ditfurth, Hoimar von*: a.a.O., Hervorhebung v. Verf.
4 Ebd., S. 341, Hervorhebung v. Verf.
5 Ebd., S. 310.
6 *Schwer, Wilhelm:* Katholische Gesellschaftslehre, Paderborn 1928, S. 112f.
7 Dies steht nicht im Widerspruch zu folgendem Werk: *Herder-Dorneich, Philipp:* Komplexität und Entscheidung: Das Konzept der Vielfachsteuerung, Dem Dualismus »Verkehrswirtschaft/Zentralverwaltungswirtschaft« zum Gedächtnis, in: *Külp, Bernhard; Stützel, Wolfgang* (Hrsg.): Beiträge zu einer Theorie der Sozialpolitik, Festgabe für Elisabeth Liefmann-Keil, Berlin 1973, S. 43–57. – Das hier vom Verf. vertretene Konzept hat vielmehr, wie Wilhelm Schwer bereits erkannte, wie »jede derartige Isolierung und Typisierung, einen nicht geringen heuristischen Wert«. *Schwer, Wilhelm:* a.a.O., S. 115.
8 Quadragesimo anno, Ziff. 79.
9 Papst *Johannes XXIII.:* Mater et magistra, Rom 1961, Ziff. 219.
10 Vatikanum II: Dignitatis humanae, Rom 1965, Ziff. 6, Hervorhebung v. Verf.
11 Offb 21, 4.
12 *Dröscher, Vitus B.:* Die »Angsthasen« machen es richtig, in: Kölnische Rundschau, 26. Mai 1983, S. 7.
13 Quadragesimo anno, Ziff. 79.
14 *Nell-Breuning, Oswald von:* Zur Einführung, in: *Schneider, Lothar:* Subsidiäre Gesellschaft, Implikative und analoge Aspekte eines Sozialprinzips, Bd. 24 der Abhandlungen zur Sozialethik, hrsg. von *Weber, Wilhelm; Rauscher, Anton,* Paderborn, München, Wien, Zürich [2]1985, S. 9–13, hier S. 12.
15 Papst *Johannes Paul II.:* Laborem exercens, Rom 1981, Ziff. 12.
16 *Marrow, Alfred J.:* Kurt Lewin – Leben und Werk, Stuttgart 1977, S. 5.
17 Vgl. *Schneider, Lothar:* Der Mensch in seiner sozialen Umwelt,in: Kolping Diözesanverband (Hrsg.): Die Welt menschenwürdig gestalten, Köln 1980, S. 75–88, hier S. 78.
18 Papst *Johannes Paul II.:* Redemptor hominis, Rom 1979, Ziff. 16.
19 Ebd., Hervorhebung v. Verf.
20 Papst *Paul VI.:* Populorum progressio, Rom 1967, Ziff. 26.

11 Arbeit teilen – Eine Forderung der Gerechtigkeit

Arbeit teilen – eine Forderung der Gerechtigkeit. Zunächst einmal ist klar: Arbeitszeitverkürzung in Form der »Null-Stunden-Woche« ist absurd. Sie ist auch volkswirtschaftlich auf Dauer nicht bezahlbar, denn zum Nulltarif haben wir diese Form ja keineswegs. Im vergangenen Jahr sollen 55 Milliarden DM an direkten Geldausgaben getätigt worden sein, um auch nur die ersten Folgen dieser Form von Arbeitszeitverkürzung zu finanzieren. Ich nehme an, daß zu diesen 55 Milliarden DM direkter Finanzierung der Arbeitslosigkeit wahrscheinlich noch einmal 55 Milliarden DM versteckte Kosten in der Bundesrepublik gezahlt werden für Drogenprobleme, Ehescheidungen, Kriminalität, Jugendjustizvollzugsanstalten und andere Folgekosten. Die seelischen Konflikte können zudem in Geld nicht bewertet werden.

Das Inselmodell

Nun, um zunächst einmal die Grundlagen des Vorschlags, den ich entwickeln möchte, aufzuzeigen, führe ich Ihnen holzschnittartig mein »Inselmodell« vor: Denken wir uns eine Insel, auf der zehn Menschen sich hundert Stunden Arbeit teilen. Dann arbeitet eben jeder zehn Stunden. Im Laufe eines Jahres machen die Menschen nun arbeitserleichternde Erfindungen. Wir wollen einmal unterstellen, in bezug auf das Gesamtarbeitsvolumen 3⅓% – eine realistische Annahme. Nach drei Jahren hat man dann auf der Insel dreimal 3⅓, also genau 10% der vorhandenen Arbeit auf Maschinen übertragen können: Auf eine automatische Angel, eine neuartige Fischreuse und andere hilfreiche Erfindungen, um das, was bisher die Menschen getan haben, den Maschinen anzuvertrauen. Nun gibt es mindestens zwei Möglichkeiten, um mit der neuen Lage fertig zu werden, denn zehn Stunden Arbeit sind ja für die

Menschen »nicht mehr da«. Die erste Möglichkeit wäre die, daß man sagt: Wir sind gerecht und ziehen das Los. Einer von uns muß arbeitslos werden. Ihm muß die Arbeitszeit auf null Stunden in der Woche verkürzt werden. Wir sind aber auch sozial. Dahinten den großen Felsbrocken, den ernennen wir zu »Nürnberg«. Dort bekommt der Arbeitslose im ersten Jahr, wenn er verheiratet ist, 68% seines Nettolohnes, und wenn er ledig ist, 63%, und vom zweiten Jahr an entsprechend weniger ausgezahlt. Dies ist das Modell Bundesrepublik.

Es gäbe aber mindestens noch eine zweite Möglichkeit, mit dem Rationalisierungseffekt aus den drei Jahren fertig zu werden. Nämlich man sagt: Prima. Es ist uns gelungen, 10% der Arbeit, die wir selber tun mußten, auf Maschinen zu übertragen. Da bleiben uns nur noch neun Stunden für jeden von uns. Wir können die Arbeitszeit um eine Stunde verkürzen. Geht denn das bei vollem Lohnausgleich? Auf der Insel ist die Antwort leicht. Selbstverständlich, denn der Güterberg wird ja nicht kleiner, wenn 10% der Produkte, die bisher die Menschen erarbeiten mußten, von Maschinen erarbeitet werden. Und wenn der Güterberg gleichbleibt, warum sollte dann der Geldberg nicht auch gleichbleiben? Gleiche Güter, gleicher Lohn, gleiche Kaufkraft. Inflation ist unbekannt! Voller Lohnausgleich trotz Arbeitszeitverkürzung. Aber die Leute sind noch um eine weitere Idee klüger. Sie sagen: Wenn wir schon die Arbeitszeit verkürzen, dann genügt es vielleicht, wenn wir nur eine halbe Stunde in Arbeitszeitverkürzungen umsetzen, denn dann haben wir ja mehr Freizeit. Und für diese Freizeit schaffen wir in einer anderen halben Stunde noch zusätzliche Freizeitgüter. Also die Verkürzung der Arbeitszeit nicht um eine volle Stunde, sondern nur auf 9½ Stunden. Das entspricht einer halben Stunde Erweiterung der Gesamtarbeitszeit (Maschinenleistung und menschliche Arbeitszeit). Wir stellen in dieser halben Stunde zusätzliche Güter her. Da nun der Güterberg wächst, kann auch der Lohnberg real wachsen. Arbeitszeitverkürzung und Reallohnsteigerung wären möglich auf dieser Insel.

Wenn wir diese Insel in einem Außenhandel mit anderen Inseln in Beziehung setzen, dann dürfen wir sicher sein, daß mittel- und langfristig diese Insel alle anderen Inseln schlagen wird, weil sie die ökonomischste Form der Arbeitszeitverkürzung wählt. Und damit zurück in unser Land.

Die Problemlage in der Bundesrepublik Deutschland

Die Arbeitslosigkeit hat ohne Zweifel eine Reihe von Gründen, das sei unbestritten. Wenn wir hier nicht alle Aspekte durchdenken, heißt das nicht, daß es sie nicht gäbe. Aber vor der Fülle der in die Öffentlichkeit getragenen Fehlinformationen gilt es nun einmal, den Hauptgrund klar hinzustellen, und dieser Hauptgrund heißt: Die Arbeitslosigkeit kommt aus dem technischen Fortschritt und den falschen Reaktionen der Verantwortlichen in der Wirtschaft; sie ist, in der Fachsprache der Volkswirtschaftler ausgedrückt, innovationsinduziert, d. h. hervorgerufen durch bessere Maschinen und klügere Organisation. Es ist also keineswegs jene Arbeitslosigkeit, die dadurch entsteht, daß keine Anlagen da sind, oder daß es an Know-how fehlt. Im Gegenteil, der Produktivitätsfortschritt ermöglicht es, mit weniger Mitarbeitern das gleiche Bruttosozialprodukt zu erstellen, und das ist der Hauptgrund der Arbeitslosigkeit. Fragen wir nun einmal praktisch: Wie geht es denn in unseren Firmen zu, wenn dieser Grund sich in die Tat umsetzt?

Nehmen wir ein Beispiel: Ein Unternehmer hat nun einmal die Aufgabe, kostengünstig zu produzieren. Das ist unstrittig. Mit roten Zahlen kann man keine Arbeitsplätze sichern. Das hat auch der DGB nie bestritten. Also ist es eine erstrangige Aufgabe, wenn ein Unternehmer zur Hannovermesse fährt und dort hervorragende Maschinen sieht, die geeignete für die eigene Firma auszusuchen. Ein mittelständischer Unternehmer, Sie wissen, das ist die große Zahl unserer Firmen, sieht eine großartige Verpackungsmaschine. Er sagt: Bei mir stehen acht Leute an der Verpackung. Diese Maschine ermöglicht mir, mit einem Mann und dieser Maschine das ganze Problem zu lösen. Er kalkuliert und rechnet das durch. Vor einigen Jahren bekam er sogar noch 10% Zuschlag vom Staat als Investitionshilfe, wenn er ein Investitionsgut erwarb, heute erwarten ihn zinssubventionierte Kredite. Im Grunde das Gleiche!

Also entschließt er sich zum Kauf. Nach drei Jahren ist die Maschine abgeschrieben und finanziert. Er kauft die Maschine und zu Hause entläßt er sieben Mitarbeiter. Die nehmen das natürlich zunächst ganz privat: »Es hat mich getroffen!« Aber es ist in der Tat ein ganz objektiver Prozeß. Hier werden Faktorkosten gesenkt, indem man Lohnkosten abbaut. Den Tüchtigsten, den schulen sie um. Er bedient die Maschine. Gut: Ein Arbeitsplatz in seiner Firma gesichert und beim Zulieferer zwei. Die Bilanz: Von zehn in beiden Firmen, die unmittelbar betroffen waren, werden sieben gehen und drei Arbeitsplätze gesichert. Das ist eine sehr wirklichkeitsnahe Proportion, wie der technische Fortschritt menschliche Arbeitsstunden überflüssig macht. Dem einzelnen erscheint es, als wäre er nur privat betroffen, aber hier beginnt sich die Abschwungspirale der Arbeitslosigkeit aus strukturellen Gründen zu drehen, wenn auch ganz langsam. Aber die Abschwungspirale gewinnt allmählich an Fahrt, wenn viele im Lande so handeln.
Dem Unternehmer erscheint sein Handeln zunächst als völlig rational. Allerdings haben die Maschinen einen Nachteil: Es wird erzählt, daß Henry Ford in Detroit mit dem amerikanischen Gewerkschaftschef modernste Fertigungsmaschinen besichtigte und dann etwas salopp fragte: »Was meinen Sie, was die für Gewerkschaftsbeiträge zahlen?« Daraufhin fragte der Chef der Gewerkschaft zurück: »Und was meinen Sie, wieviel Autos die kaufen?« Die Maschine kann zwar die Produktion kostengünstiger machen, aber sie kann nicht hingehen und auf dem Wochenmarkt einkaufen. Ein bißchen Strom und Öl genügt. Als Nachfrager fällt die Maschine aus. Auf der anderen Seite reagieren die, die arbeitslos geworden sind, auch rational. An dem Tag, an dem Vater arbeitslos wird, wird Mutter statt Butter Margarine kaufen. Und statt des leckeren frischen Schwarzbrots vom Bäcker um die Ecke, das etwas teurer ist, wird für 59 Pfennige ein Pfund Schwarzbrot mit Sorbinsäure im Supermarkt gekauft. Das Konsumverhalten des Arbeitslosen ändert sich nach Menge und Qualität.

Das gesunde Sparen wird zum Angstsparen

1981 wurde in der Bundesrepublik ein Spitzenergebnis erzielt auf dem Sparsektor: Die privaten Haushalte haben in einem Jahr, die staatliche Sparförderung eingeschlossen, 163 Milliarden erspart. Das geschieht so: Man nimmt die Menge im Konsum zurück und wechselt auf billigere Ersatzgüter und kann dann immer noch einen Notgroschen auf die Seite legen. Diese 163 Milliarden liegen rund 33 Milliarden DM über den langjährigen Jahresdurchschnitten, die die deutschen Haushalte angespart haben. Und stellen Sie sich vor, in einem Jahr wären 33 Milliarden Kaufkraft mehr da gewesen, wenn dieses Angstsparen nicht passiert wäre!

Zunächst eine weitere Frage: Haben wir denn so viele Arbeitslose? Die Arbeitslosenquote liegt doch jetzt bei etwa 10%. Nun, wenn wir von der Zahl der Arbeitslosen sprechen, sprechen wir in der Regel vom statistischen Mittelwert für einen Monat bzw. für ein Jahr. Im Durchschnitt 2,3 Millionen Arbeitslose. Dann streitet man sich noch bei den Stellen hinter dem Komma. Eine ganz andere Information muß über die »Theke« der Fernsehschirme flimmern, nämlich die Frage: Wie viele Leute haben etwa im vergangenen Jahr in der Bundesrepublik Deutschland, also vom 1. Januar bis zum letzten Dezembertag, irgendwann einmal ihre Kündigung in den Händen gehalten bzw. sich arbeitslos gemeldet? Als ich diese Frage neulich einem qualifizierten und von mir sehr geschätzten Mitarbeiter des wissenschaftlichen Instituts bei der Bundesanstalt für Arbeit stellte, sagte er mir: »Das kann ich Ihnen aus dem Stegreif nicht beantworten.« Ich sagte: »Es geht ja nur um die Größenordnung.« »Ja«, sagte er, »schreiben Sie's mir noch einmal. Ich schicke Ihnen Unterlagen.« Ich habe die Unterlagen studiert. Die Zahl stand nicht darin. Niemand kennt sie, obwohl sie ungemein wichtig ist. Denn zum Beispiel, wenn ich ein Graubrot nehme und durchschneide, dann ist die Scheibe der Durchschnitt, aber hier heißt die Frage: »Wie lang ist das Graubrot?« Und wenn man das mit »π mal Daumen« selber umrechnet, dann kann man sagen:
1983, als die Bundesrepublik Deutschland um weit über 10 Milliar-

den DM reicher wurde in der Leistungsbilanz, das sind 10 000 Millionen Mark (1984 ≈ 17 Mrd. DM, 1985 ≈ 38 Mrd. DM, 1986 ≈ 70 Mrd. DM), waren vom 1. Januar bis zum 31. Dezember rund vier Millionen Menschen einmal ohne Arbeit. Sicher, manche waren nach sechs Wochen wieder vermittelt, manche nach acht Monaten, insofern waren sie im Jahresablauf nur zeitweise arbeitslos. Aber den blauen Brief, den haben sie bekommen, den »blauen«. Und wenn man sich überlegt, in vier Millionen Haushalten hat dieser Blitz eingeschlagen, und ich unterstelle, jeder Beschäftigte, dem gekündigt wurde, hat noch wenigstens zwei Familienangehörige, dann saßen 12 Millionen Menschen im vergangenen Jahr abends um den Küchentisch und haben Pellkartoffeln mit Butter gegessen. Das ist psychologisch gesehen für die Binnennachfrage so hinderlich wie die angezogene Handbremse an einem Porsche, der ein Rennen gewinnen soll. Es ist selbstverständlich, daß dies sich in den großen Indikatoren der volkswirtschaftlichen Gesamtrechnung niederschlägt. Das Wachstum 1985 – gottlob – betrug 2,6% real. Aber wer war der Motor dieses Wachstums? Die Auslandsnachfrage mit real einer Steigerung von 7,9%! Die Inlandsnachfrage konnte nur um 0,8% gesteigert werden. Das ist von unseren Überlegungen aus betrachtet leicht verständlich.

Die Arbeitslosen selbst sind wie Bumerange, die in Segelbooten lagern, die um die Wette segeln. Da sagt sich dann ein Freizeitkapitän: »Wenn ich die über Bord werfe, diese Bumerange, in Wahrheit Mitarbeiter, dann wird das Boot leichter, macht bessere Fahrt. Und siehe da, an der nächsten Tonne habe ich die Nase vorne.« Aber diese »Bumerange« (sprich Arbeitslose) »drehen ab« über »Nürnberg« und kommen als Nachfrageausfall über die Ladentheke und die Auftragsbücher wieder zurück. Deshalb stagniert unsere Binnennachfrage!

Ferner führt ein verändertes Konsum- und Sparverhalten dazu, daß unsere Industrieanlagen keineswegs ausgelastet sind. Und hätten wir nicht die Super-Auslandsnachfrage, es wäre noch wesentlich schlechter. Alles, was unter 100% Auslastung ist, sind kalkulatorische Kosten. Wenn diese in den betriebswirtschaftlichen Rechnungen geführt würden, dann müßte man bald einsehen, welchen Fehler man macht, wenn man Menschen wie überflüssiges Material glaubt loswerden zu können. Sie kommen als Kosten in die Firmen zurück, weil diese nicht hinreichend ausgelastet sind. Damit erhöhen sich die Fixkosten in allen Produkten, und diese sind mit rund 70% die Hauptkosten in den Stückkosten.

Auf dem Hintergrund dieser Analyse wird man wohl fragen: Welchen positiven Weg soll man denn nun wählen, wenn der technische Fortschritt nicht aufgehalten werden soll und auch nicht aufgehalten werden kann? Keineswegs sollen wir die Technik festschreiben und sagen: Wir verzichten auf Elektronik, denn dann machen es die anderen. Wir sind dazu gar nicht in der Lage. Wir müssen den technischen Fortschritt bejahen. Nur: An seinen Früchten müssen alle Menschen beteiligt werden! Dies gilt auch für das Wohl unserer Firmen.

Wie soll es denn praktisch zugehen, wenn wir in einer überschaubaren Zeit zu Ergebnissen kommen wollen? Daß wir glänzende, ja in den letzten vier Jahren(!) geradezu geometrisch steigende Leistungsbilanzüberschüsse hatten, hat noch keinen zusätzlichen Arbeitsplatz gebracht, allerdings manchen erhalten. Ohne den Außenhandel wäre die Arbeitslosigkeit noch größer!

Schwingende 36-Stunden-Woche

Was wir brauchen, ist eine bessere Form von Arbeitszeitverkürzung, denn Arbeitszeitverkürzung haben wir ja als Nullstundenwoche, aber in dieser Form ist sie unerträglich. Mein Vorschlag wäre, daß wir eine »Schwingende 36-Stunden-Woche« an vier Tagen für die Menschen, aber an sechs Tagen für die Firma einführen. Damit können wir die berechtigten Anliegen der Gewerkschaften wie der Unternehmerschaft miteinander versöhnen.

Warum? Es wird oft gesagt, wir brauchen neue Arbeitsplätze. Sicher sollten wir den technischen Fortschritt voll bejahen und damit auch qualitativ völlig neue Arbeitsplätze. Aber zunächst

einmal müssen wir doch erkennen, daß die vorhandenen Arbeitsplätze besser genutzt werden sollten. Deshalb mein Vorschlag, daß wir eben pro Tag eine Stunde länger arbeiten, wenigstens für die nächsten drei, vier Jahre; später wird diese Zeit wieder zurückgefahren werden können.
Für diesen Vorschlag kämpfe ich seit sechs Jahren. Und als ich am 9. Mai 1985 an einem Autorastplatz im Spessart die Bildzeitung liegen sah, stand es ganz oben: »Arbeiten wir bald neun Stunden?« Und darin war zitiert, daß Hans Mayr von der IG Metall dieses Modell für akzeptabel hält. Neun Stunden pro Tag ist sicher eine harte Sache, das läßt sich nicht bagatellisieren. Aber 1986 wurden bei uns 1,5 Milliarden Überstunden gefahren, nur unsere Großväter haben 14, 12 und 10 Stunden gearbeitet. Ich weiß genau, daß die Einführung des Acht-Stunden-Tages ein gewerkschaftlicher Erfolg war: Am 21. Mai 1856 zum ersten Mal auf der Welt in Australien durchgesetzt, im Staat Victoria. In Deutschland 1887 bei der Glasfabrik in Gerresheim im heutigen Düsseldorf. Der Acht-Stunden-Tag ist also eine Errungenschaft! Aber damals arbeitete man sieben Tage in der Woche. Nun haben wir ein Äquivalent, daß wir fragen können: »Kollegen, wollt Ihr lieber an fünf Tagen Eure Arbeitszeit absolvieren oder lieber an vier Tagen, wenn ihr eine Stunde zulegt?« Dann sparen sich nämlich alle Leute im Lande, und das sind ja rund 25 Millionen Beschäftigte, am fünften Tag den Weg, und der ist doch mindestens eine Stunde hin und zurück. Die Kosten und die Rush hour werden entlastet. Wir könnten also dadurch erreichen, daß wir kompakter arbeiten und dafür einen Tag Freizeit dazugewinnen.

Daß der Sonntag nicht in Frage steht, ist für mich als Priester so klar wie als Soziologe, denn die Menschen brauchen einen »Jour fixe«, einen Tag, an dem sich *alle* treffen können. An dem Oma mit Opa Goldene Hochzeit feiert und Yvonne getauft werden kann. Einen freien Tag für alle zur gleichen Zeit, wenn man nicht im Krankenhaus oder bei der Bundesbahn Sonntagsdienst hat. Das ist doch wohl nicht strittig.
Nur, sollen wir dann, wenn die Belegschaft von Montag bis Donnerstagabend ihre Vier-Tage-Woche geleistet hat, die Anlage

stehen lassen bis Montag in der Frühe? Und was ist, wenn bei mir ein Kipphebel oder ein Schlüssel klemmt? Soll ich dann auf die Kfz-Werkstatt bis Montag warten? Nein! Also lassen wir doch am Freitag eine zweite Belegschaft kommen, die arbeitet Freitag, Samstag, Montag, Dienstag; sonntags haben alle frei. Und am Mittwoch kommt die erste Belegschaft wieder und arbeitet Mittwoch, Donnerstag, Freitag, Samstag – wieder vier Tage.
So kann man erreichen, daß die Anlagen an sechs Tagen gefahren werden mit neun Stunden. Das ist dann die 54-Stunden-Woche für die Firma und die 36-Stunden-Woche für die Belegschaft. Dadurch hat das Unternehmen einen entscheidenden Vorteil erzielt. Im letzten Jahr wurde immer wieder beklagt, wir hätten mit die höchsten Stundenlöhne in der Welt – das stimmt, denn wir liegen mit rd. 30,– DM auf Platz 6 hinter den USA, Kanada, Australien, Norwegen und der Schweiz –, doch ist völlig übersehen worden, daß wir auf dem Weltmarkt durchaus keine Stundenlöhne verkaufen, sondern Stücke, Autos, Güter. Und die Frage lautet gar nicht: »Wie hoch sind unsere Stundenlöhne?«, sondern die Frage lautet: »Wie hoch sind unsere Lohnstückkosten? Wie groß ist der Anteil des Stundenlohns der Belegschaft in dem Auto, das wir exportieren?« Das ist die Frage!

Und da haben wir mit Otto Pöhl einen unverdächtigen Zeugen. Seit Jahren haben wir sinkende Lohnstückkosten! Darin liegt ein gewichtiger Grund dafür, weshalb unser Leistungsbilanzsaldo in den letzten vier Jahren fast geometrisch gewachsen ist. Wir verkaufen eben keine Stundenlöhne, wir verkaufen z. B. Autos! Mag der spanische Automobilarbeiter bei Seat in Barcelona nur den halben Stundenlohn bekommen, den wir bei Audi in Ingolstadt, BMW in München und Regensburg, Mercedes und Porsche in Stuttgart zahlen. Doch in der Zeit, in der der Spanier ein Auto baut, bauen wir Deutsche 2,8 Autos von zudem besserer Qualität.
Es geht also gar nicht darum, vor allem die Löhne zu senken, sondern den Hauptkostenträger in unseren deutschen Produkten zu senken: 70%, sagte mir ein Systemanalytiker von Siemens, 70%

der Kosten in deutschen Produkten, die ins Ausland gehen, sind im Schnitt durch *Fixkosten* verursacht, also durch die Umlage der Kosten, die allein dadurch anfallen, daß die Firma »auf der Wiese steht«. Wenn aber die Firma ihre Produktion ausdehnen kann in der Woche, kann sie diese Fixkosten erheblich senken. Manche Firmen haben so volle Auftragsbücher, daß Freunde von mir aus Amerika, die jetzt anläßlich eines Deutschlandbesuches einen für Amerika gebauten Mercedes mitnehmen wollten (im Wert von bar 100 000,– DM), bei Mercedes in Regensburg die Auskunft bekamen: »Kommen Sie in zwei Jahren wieder!« Warum also stehen die Anlagen samstags leer, wenn solche prallen Auftragsbücher da sind? Vor der Massenarbeitslosigkeit ist das unverantwortlich! Zudem auch ökonomisch töricht!
Hinzu kommt: Wir dürfen diese Anlagen nicht leerstehen lassen mit der Begründung: »Wir sind eben großzügig«. Denn: In fünf Jahren wird die modernste Maschine von heute durch eine neue Generation auf der Hannovermesse abgelöst, ohne bereits verschlissen zu sein. Lassen wir doch die Maschinen für uns arbeiten und lassen wir alle an der Produktivitätszunahme teilnehmen. So gewinnen wir gleichgewichtiges Wachstum! Dann sind wir erst recht im Ausland konkurrenzfähig und werden wieder alle Kollegen in Arbeit bringen. Im gleichen Augenblick wird auch die Binnennachfrage voll anspringen.

Der Mensch ist Mittelpunkt der Wirtschaft

Doch wie ist es aus der menschlichen Sicht? Es geht ja nicht nur um Kosten, es geht voll und ganz auch – und an erster Stelle – um den Menschen! Sicher, »samstags gehört Vati mir!« Norbert Blüm hat ja neulich Franz Steinkühler zitiert, als er in der FAZ der IG Metall antwortete, weil man sein Samstagsarbeitsangebot mißverstanden hatte, nämlich dahin, als sollten wir wieder alle an sechs Tagen zur Firma wie früher. Was Norbert Blüm ja nicht meinte. Franz Steinkühler hatte – sinngemäß – gesagt: »Mir ist es lieber, wenn Vati manchmal samstags der Firma gehört, als von Montag bis Freitag dem Herrn Stingl«. Das ist doch die Alternative! Und dann meine ich, wenn unsere Menschen im Lande gefragt würden, und ich frage hier Sie: Was würden Sie vorziehen? An fünf Tagen zu arbeiten oder mit längerer Stundenzahl an vier? Jeden Samstag, Sonntag frei zu haben, oder – das ist die Konsequenz aus dieser schwingenden Vier-Tage-Woche für die Menschen und an sechs Tagen für die Betriebe – jeden Sonntag frei zu haben, aber jeder dritte Sonntag im Jahr wäre die Mitte einer Fünf-Tage-Freizeitinsel. Ferner: Zwei weitere freie Tage lägen zusätzlich Mittwoch und Donnerstag zwischen den beiden einzelnen, ja freien Sonntagen (vgl. das Schaubild, das der Dipl.-Ing. Karl-Heinz Stucke aus Neuss entworfen hat): Was wäre Ihnen lieber? Wenn Sie Samstag, Sonntag jede Woche frei haben, werden Sie nie außerhalb der Ferien von Garmisch-Partenkirchen aus Ihren Schwager in Hamburg besuchen können, ohne daß Sie eine Mordstour machen. Selbst dann nicht, obwohl die Bundesbahn diese Fahrt für zwei gemeinsam reisende Personen mit dem »Rosa Elefanten« für nur 180,– DM hin und zurück anbietet. Jedes Kind unter 12 Jahren kostet hin und zurück ja sogar nur 30,– DM! Sie werden es nicht können wegen der Zeit. Hier brächte die »schwingende 36-Stunden-Woche an vier Tagen« einen Zugewinn an Lebensqualität für die abhängig Beschäftigten.

Die meisten arbeiten, wie wir aus Umfragen wissen, lieber »am Stück« und nehmen ihre Freizeit ebenfalls »am Stück«. Mit Mutti einmal wieder nach Kopenhagen oder Paris anläßlich der Silbernen Hochzeit, mit den Kindern zur Tulpenschau nach Amsterdam, das wäre möglich. Eine ganz neue Perspektive für den »kleinen Mann«! Er gewänne endlich größere Freizeithoheit.
Ford in Köln hatte zunächst die 38,5-Stunden-Woche auf 18 Minuten kürzere Tagesarbeitszeit umgelegt. Ich sage Ihnen, daran gewöhnen sich die Menschen wie an die Sommer- und Winterzeit. Man stellt die innere Uhr um und es »verdampft« der Freizeitgewinn im Handumdrehen. Sie werden, wenn Sie 18 Minuten früher vom Fließband kommen, abends sicher nicht ein Buch lesen, das wäre immer noch zu anstrengend. Aber ein Fünf-Tage-Freizeit-Paket eröffnet doch allemal eine ganz neue Möglichkeit. Daß mein Modell auch für kleinere Betriebe machbar ist, bin ich gerne bereit,

Ihnen noch ausführlicher in der Diskussion darzulegen. Übrigens im September 1986 hat der Betriebsrat der Ford-Werke in Köln der Samstagsarbeit zugestimmt und stellt jetzt 470 arbeitslose Metaller ein.

Wie sieht die Finanzierung aus?

Die Frage aller Fragen aber lautet: Wie wollen wir das finanzieren? Die 36-Stunden-Woche, wie ich sie vorschlage, würde bei vollem Lohnausgleich, obwohl nicht so ganz klar ist, was damit gemeint ist, die Unternehmen 11% mehr kosten. Allerdings gilt dies nur unter einer Voraussetzung: Daß die Unternehmer für jede Stunde und Minute der Arbeitszeitverkürzung entsprechend neue Leute einstellen. Nur dann kostet es 11%!
Die Forderung der IG Metall und der IG Druck und Papier, die 35-Stunden-Woche bei »vollem Lohnausgleich« einzuführen, ist leider schlecht verkauft worden. Der Eindruck entstand, als würde das bei vollem Lohnausgleich – was das heißt, will ich noch hinterherschicken – etwa 17, 18, 20 und mehr Prozent kosten. Das kann man den Unternehmen wahrhaftig nicht zumuten. Ich will Ihnen sagen, was es kostet: Die IG-Metall hat es selbst in einer kleinen Schrift verbreitet. Aber wer liest das? Die 35-Stunden-Woche bei vollem Lohnausgleich und 100%iger Neueinstellung hätte die Lohnkosten um 14,3% angehoben. Wohlgemerkt: Dies gilt nur bei voller Neueinstellung! Aber sowohl der DGB als auch die Unternehmer wissen, daß für jede Arbeitsstunde, die verkürzt wird, höchstens die Hälfte neu eingestellt wird. Dann wird es aber auch nur die Hälfte kosten, also rund 7,2%. Darüber muß man doch reden können, und dann einen Finanzierungsplan bauen. Ich habe selber gehört, wie Ernst Breit sich in Gegenwart von Otto Esser vor bald 1000 Zuhörern im Börsensaal in Köln dazu bereit erklärt hat; leider traf er nicht auf offene Ohren.
Arbeitszeitverkürzung ist also nur dann kostenträchtig, wenn sie zusätzliche Kosten verursacht. Denn, wenn dieselbe Belegschaft in kürzerer Zeit dasselbe Produktionsergebnis erzeugt, dann entstehen überhaupt keine Kosten! Im Gegenteil, die Anlagen der Firma

Schwingende 4-Tage-Woche

Pfeile = Freizeit
Muster = Arbeitszeit

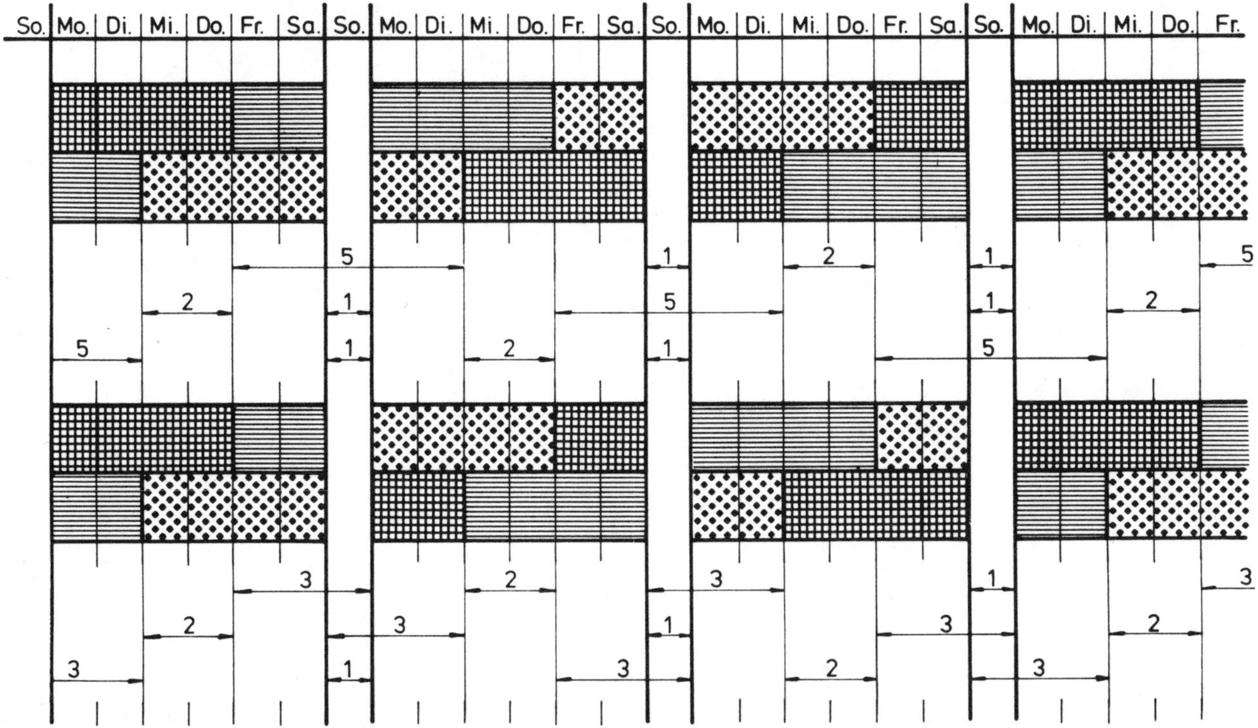

Die Ausarbeitung des Schaubildes ist von Herrn Dipl.-Ing. Karl-Heinz Stucke, Neuss.

können früher abgeschaltet werden, man spart Strom. Also hier muß ganz klar durchgerechnet werden, und die Argumente müssen der breiten Öffentlichkeit verständlich gemacht werden. Doch unterstellen wir einmal, das wollen wir ja, daß wenigstens die Hälfte neu eingestellt wird. Das wären ja schon über eine Million Menschen! Dann kostet die 36-Stunden-Woche 5½%. Ja und, was zahlen wir denn voll zu Recht von unserer Bruttolohnsumme nach Nürnberg in die Solidaritätskasse? Jeder zahlt doch schon zur Zeit 4,4% der Bruttolohnsumme in die Arbeitslosenversicherung. Dazu kommen noch die Bundeszuschüsse und die versteckten Gelder. Das Geld ist ja im Grunde da, um die Hälfte aller Arbeitslosen einzustellen. Und wer finanziert die übrige Hälfte? Da durch bessere Nutzung der Werksanlagen die ansonsten sehr hohen Fixkosten gesenkt werden können, ist bei Einführung dieser »Schwingenden 4-Tage-Woche« der volle Lohnausgleich kein Problem.

Ist die Nachfrage gesättigt?

Ich halte es für »Mittelstandskoketterie« zu sagen, der Bedarf sei gedeckt. Ich kenne Familien, da ist der Vater Oberstudienrat. Sie haben ein kleines Häuschen gebaut und haben vier Kinder. »Am Monatsende«, sagte mir die Frau, »guck ich, ob noch Haferflocken da sind und was auch immer zum Kuchen verbacken wird.« Das ist wie nach anno 1945. Damit es über die Runden geht, muß sehr sparsam gelebt werden, weil die Zinsen zwischenzeitlich so hoch waren und die Belastung unabschüttelbar, wenn man das Häuschen nicht verkaufen will. Es ist eindeutig Koketterie zu sagen, bei uns wäre der Bedarf gedeckt. Wegen der Arbeitslosigkeit stagniert die Binnennachfrage, nicht darum, weil die Löhne der Beschäftigten nicht hoch genug wären! In dem Moment, wo die Weichen erkennbar auf Abbau der Arbeitslosigkeit gestellt werden, würde ein »Optimismusmultiplikator« die Negativ-Absprung-Spirale zur Aufschwung-Spirale wenden.

Ich bin der festen Überzeugung, daß in weiteren tausend Jahren Ihre Kindeskinder ein viel höheres ökonomisches Niveau erreicht haben werden, als wir alle auch nur ahnen. Sie werden uns als arm betrachten. Deshalb sollten wir aber doch nicht klagen, wenn erst in zwanzig Jahren die Produktion auf dem Mond aufgenommen wird und in 100 Jahren auf vollen Touren läuft. Wir haben so viele Möglichkeiten, Energie und Rohstoffe zu besorgen. Das hat doch der Club of Rome alles nicht gesehen. Unsere Nachfahren werden kleine Nickel-Eisen-Planetoide einschweben und auf dem Mond des Jupiter zur Weiterverarbeitung landen. Wir werden die Erde zum Garten Eden machen, unserem Freizeitpark. Die Produktion werden wir an ungastlichere Stellen legen. Wir haben eine große Chance, wenn wir nur nach Gottes Schöpferwillen leben würden.

Was geht die Kirche die Arbeitslosigkeit an?

Eine Frage, die Sie vielleicht an mich als Priester stellen werden, könnte lauten: »Was hat das alles mit der Kirche zu tun?« Bischof Ketteler, der große Sozialbischof von Mainz, hat 1869 in seinem Gutachten für die Fuldaer Bischofskonferenz sich einer ähnlichen Frage gestellt. Sie lautete: Was hat die soziale Frage mit dem Christentum zu tun? Er gab zur Antwort: Sie berührt (er sagte das lateinisch) das »depositum fidei«, das Depot, d. h. den innersten Kern des Glaubens selbst. Wie soll einer glauben, daß Gott unser guter Vater ist, wenn er hier seine Arbeitslosigkeit verstecken muß? Wenn Vater morgens »zur Arbeit« geht, Mutter die Thermosflasche füllt und ihm Butterbrote einsteckt, und er dann den Zoo in Düsseldorf besucht, damit seine Kinder nicht merken: Ihn hat's getroffen.

Wenn Jesus heute wiederkommen würde, so würde er wohl kaum fragen, ob es Jungen oder Mädchen sind, die in der Messe dienen; er würde fragen: Ich war arbeitslos, und was hast Du für mich getan?

Ruf zur Umkehr

Deshalb brauchen wir einen Aufruf zum Umdenken, zur Metanoia, zur Buße. Buße kommt von Besserung. Also: Raus aus den

Sackgassen, hin zu neuen Lösungen! Das bloße Wiederholen des Erkenntnisstandes von vor zwanzig, dreißig Jahren reicht nicht aus. Viele Gutachten, die offiziell geschrieben werden, sind zum Teil das Papier nicht wert, auf das sie gedruckt sind.
Ich möchte zum Schluß einen evangelischen Mitbruder zitieren: Dietrich Bonhoeffer. Und das, was er für die Juden damals aus dem Nazigefängnis schrieb, sage ich zur Arbeitslosigkeit heute und zur Forderung *Arbeit teilen*: »Wer heute nicht für die Arbeitslosen schreit, der soll auch nicht gregorianisch singen!«

12 Arbeit – sozial verträglich und beweglich

Am sozial *unverträglichsten* – das muß hier an erster Stelle klar und deutlich gesagt werden – ist die für rund 2,5 Millionen Menschen erzwungene »*Nullstundenwoche*«, also die Arbeitslosigkeit selbst. Und das in einem Land, das durch seine Wirtschaftstätigkeit mit dem Ausland 1986 und 1987 einen in dieser Höhe bisher noch nie erzielten *Reingewinn* verzeichnen konnte: Allein in diesen zwei Jahren wurde die Bundesrepublik um 140 Milliarden DM reicher!
Diese Arbeitslosigkeit vor dem Hintergrund des Reichtums muß nun endlich – und zwar *bald* – überwunden werden, denn sie ist *unmenschlich,* deshalb *unerträglich* und auf Dauer auch *unbezahlbar!*
Die ausufernde Staatsverschuldung ist keineswegs ein zeitlich begrenzter »Ausrutscher«, sondern die zwingende Folge dieser absurdesten aller Formen, die Arbeit zu verteilen: Für 90% der Arbeitsbevölkerung soll die *volle* Arbeitszeit erhalten bleiben, für 10% hingegen wird die Arbeitszeit radikal auf eine »Nullstundenwoche« verkürzt. Absurd in jeder Hinsicht! Dabei kann und darf es nicht bleiben. Das ist sozial *völlig unverträglich.*
Doch, so wird mancher nun fragen, gibt es denn ein erfolgversprechendes Mittel, um aus dieser Sackgasse herauszukommen? Die Antwort lautet klar und in jeder Hinsicht: Ja! Allerdings sucht man dieses schnell wirkende Penecillin gegen die Massenarbeitslosigkeit unter den mit viel Medienlärm öffentlich diskutierten Vorschlägen noch weithin vergeblich. Diese Medizin heißt: »Schwingende 36-Stunden-Woche« an *vier* Tagen für die *Menschen,* aber an *sechs* Tagen für die Nutzung der *Firma.* Am Sonntag wird nicht gerüttelt!

Aus zwei werden drei Arbeitsplätze

Betrachten wir diese »wunderbare Brotvermehrung von Arbeitsplätzen« zunächst einmal aus der Sicht der Unternehmer. Denn, nur wenn unser Vorschlag zu bezahlen ist, kann er auch verwirklicht werden. Unbezahlbare Träume bleiben Utopie. Deshalb müssen wir uns vor allem die Tatsache bewußt machen, daß das teuerste in der modernen Wirtschaft nicht – wie das öffentliche Klagelied vermuten läßt – die Stundenlöhne sind, sondern die Investitionskosten für die bloße Errichtung eines Arbeitsplatzes. Wie das Schaubild (S. 118) zeigt, werden auf *zwei vorhandenen* Arbeitsplätzen (vgl. die beiden horizontalen Bänder) nun *drei* Mitarbeiter beschäftigt (vgl. die drei verschiedenen Muster = drei verschiedene Mitarbeiter). Der Sonntag bleibt immer frei; um ihn schwingt die 4-Tage-Woche wie ein Pendel um einen festen Punkt. Jeder Mitarbeiter kommt nur noch an *vier* Tagen in der Woche zur Firma, dafür aber wird dann die 9. Stunde am Tage zur Regelarbeitszeit. Sie fällt so zugleich als mögliche Überstunde weg.

Praktisch sieht das so aus:

Otto arbeitete bisher mit seinem Kollegen *Gerd* gemeinsam von Montag bis Freitag – jeweils 8 Stunden – an einer Maschine. Es könnte auch in einem Friseurladen sein. Jetzt arbeitet *Otto* nur noch von Montag bis Donnerstag auf seinem Arbeitsplatz, allerdings nun 9 Stunden pro Tag. Das ist für ihn die 36-Stunden-Woche. Freitag und Samstag kann der neu eingestellte *Karl-Heinz* diesen Arbeitsplatz nutzen. Kollege *Gerd* arbeitet diese Woche von Mittwoch bis Samstag, er läßt am Montag und Dienstag seinen Arbeitsplatz für den neuen Mitarbeiter *Karl-Heinz* frei. Dadurch werden *zwei vorhandene* Arbeitsplätze von *drei* Menschen so besetzt, daß die Firma an *sechs* Tagen ihre Betriebsmittel je 9 Stunden nutzen kann. Das ist die 54-Stunden-Woche für das Unternehmen. Pro Woche und Schicht werden also die Maschinen und Anlagen besser genutzt. Dadurch aber können mit derselben Maschinenausstattung rund ein Drittel mehr Güter hergestellt werden als bisher. Angesichts der vollen Auftragsbücher einiger Firmen ist das die Erfüllung eines Wunschtraumes. Dadurch aber *sinken* die *Hauptkosten* in einem modernen Produkt – die sogenannten Fixkosten, das ist vor allem der Kapitaldienst an den teuren Maschinen – ganz entscheidend. Und das geschieht erheblich schneller als die zusätzlichen Lohnanteile steigen! Damit aber wird der *volle Lohnausgleich* möglich. Ja, wie durch ein Wunder, können sogar die Gesamtkosten noch *gesenkt* werden! Für die kapitalintensive Industrie sinken die Kosten etwa um 10–14%, beim Friseur bzw. Einzelhändler um etwa 1–3%. Doch selbst wer unglücklicherweise als Kaufmann »mit dem Rücken zur Wand« steht, der würde noch von der gestiegenen Kaufkraft der inzwischen wieder eingestellten Arbeitslosen ebenfalls sein Ergebnis verbessern können. Der »Schneeballeffekt« macht es möglich.

Warum sinken die Gesamtkosten?

Um das bisher Gesagte richtig verstehen zu können, muß man sich folgendes klarmachen: In einem modernen Produkt – das gilt auch für eine moderne Dienstleistung (z. B. Universitätsklinik) – stecken *drei* Kostenarten: 1. Lohnanteile (= Lohnstückkosten, keineswegs der ganze Stundenlohn!), 2. Werksumlage (Fixkosten) und 3. Materialkosten. Wie verteilen sich nun diese drei Kostenarten z. B. auf ein neues Auto? Es könnte aber auch eine Zahnbürste sein. Wenn z. B. ein moderner Ford in Köln vom Band läuft, dann stecken in diesem Wagen kaum noch 17% Ford-Löhne. Allerdings wird man die Werksumlage, also die Fixkosten, auf rund 70% ansetzen müssen. Die Materialkosten von rund 13% sind geradezu eine Restgröße. In der öffentlichen Diskussion wird diese Tatsache kaum dargestellt, ja sie scheint einigen völlig unbekannt zu sein. Statt dessen wird über die hohen Stundenlöhne gejammert, und zwar so, als ob wir diese auf dem Weltmarkt verkaufen würden. Tatsächlich aber verkaufen wir Stücke: Autos, Bücher, Zahnbürsten. Die entscheidende Frage lautet also gar nicht »Wie hoch sind die Stundenlöhne?«, sondern »Wieviel steckt davon im einzelnen Produkt?«

Kostenergebnis: Die Firmen, die die »Schwingende 4-Tage-Woche« einführen, können rund 50% mehr Mitarbeiter einstellen. Sie können – was viele Politiker und Manager immer noch nicht zu wissen scheinen – leicht den vollen Lohnausgleich bezahlen und dennoch – wie in einem Wunder – ihre *Gesamtkosten* zudem noch um ein gutes Stück *senken.* Sie können deshalb auch billiger ihre Produkte anbieten und so die Nachfrage fördern.

Die »Schwingende 4-Tage-Woche« aus der Sicht der Arbeitnehmer bzw. Arbeitslosen

Hier soll nun die soziale Verträglichkeit auf den Prüfstand gestellt werden. An erster Stelle ist zu fragen: Kann dieses Modell den Arbeitslosen entscheidend helfen? Wenn aus *zwei* Arbeitsplätzen leicht *drei* gemacht werden können, und man annimmt, daß von den 26 Millionen Arbeitsplätzen in der Bundesrepublik auch nur 2 Millionen für dieses Modell geeignet wären, dann könnte man darauf zum »Investitionsnulltarif« bereits 1 Million Arbeitslose in Brot bringen. Sollten sich gar 4 Millionen Arbeitsplätze finden, die das Modell der »schwingenden 4-Tage-Woche« übernehmen wollen, so wäre damit 2 Millionen Arbeitslosen geholfen. Das ist noch mehr als bloß »sozial verträglich«, das wäre wohl für die Arbeitslosen ein soziales Optimum!
Doch was für ein Opfer müßten die Arbeitsplatzbesitzer dafür bringen? Zweimal in drei Wochen müßten sie nun samstags – zunächst etwa bis 15.00 Uhr – arbeiten. Später könnte diese Zeit weiter abgebaut werden. Da sie aber diese beiden Tage an einem Mittwoch/Donnerstag als Freizeit voll zurückerhalten, kann für die im Einzelhandel Beschäftigten der lange Samstag endlich abgeschafft werden. Umfrageergebnisse belegen, daß ⅔ aller Betroffenen einen Tausch »Samstag gegen Mittwoch« billigen würden. Hier allerdings erhalten sie zusätzlich jeweils noch die 4-Tage-Woche, d. h. ja, am 5. Tag spart ein jeder den Weg zur Arbeitsstelle und zurück. Damit aber spart er nicht nur rund eine Stunde, sondern dünnt auch die »Rush hour« aus, spart »Nerven«, Benzin, Unfallrisiko und Geld. Er schont den Wald und als Busbenutzer kann er sich an diesem 5. Tag nicht die asiatische Grippe holen. Jeden Samstag ab 15.00 Uhr kann er mit Freunden und der Familie zusammensein, und wenn ein besonderer Anlaß es erfordert, dann kann er mit seinen Kollegen einen Tausch leicht vereinbaren. Diesen Tag hat der Kollege dann für seine Pläne zugute. Einen

großen Vorteil aber hat Otto durch die »schwingende 4-Tage-Woche«: Er hat endlich – ohne daß er Urlaub nehmen muß – »Freizeit am Stück«. Der erste, vierte, siebte, zehnte usw. Sonntag im Jahr wird so zur Mitte von fünf freien Tagen »am Stück«. Hier kann die Regensburger Familie endlich ohne Hast ihre Freunde in Hamburg besuchen, zudem an Tagen, an denen die Bundesbahnzüge leer sind, zu »rosaroten Preisen« reisen.
Die Amsterdamer Tulpenschau ist nun greifbar nahe und selbst eine Fünf-Tage-Tour nach Paris findet dort preiswerte Hotels, weil nicht alle gleichzeitig im Wochenendstau und in der Hotelhalle stehen. Alles wird entzerrt. Streß wird abgebaut.

Gesamtergebnis:

Die »schwingende 4-Tage-Woche« bringt Arbeitslosen schnell Arbeit, ermöglicht den vollen Lohnausgleich für alle, reduziert die Gesamtkosten, ermöglicht so niedrigere Preise und fördert die Wettbewerbsfähigkeit. Sie entzerrt die Stoßzeiten, spart Nerven, Benzin, schont den Wald, schafft endlich Freizeit »am Stück« und ermöglicht unter Kollegen den Arbeitstagtausch. Der Sonntag – einschließlich Samstag nachmittag – bleibt immer voll gewahrt! Um ihn schwingt die 4-Tage-Woche; sie strahlt Ruhe aus wie das Pendel einer alten Wanduhr. Der Mittelpunkt allen Schaffens aber bleibt der Mensch.

Dieser gute Ausblick hat allerdings eine entscheidende Voraussetzung: diese heißt nicht an erster Stelle Geld, Subvention oder Steuerreform, sie fordert vielmehr etwas typisch Menschliches, nämlich: *geistige* Beweglichkeit!

13 Gott, der Schöpfer von Himmel und Erde

Als ein Jumbo der Lufthansa vor acht Tagen eine Warteschleife über New York flog, da blickte ein Flugpassagier aus dem Fenster auf die Skyline dieser unvergleichlichen Stadt und sagte: »Mein Gott, wie schön ist deine Schöpfung«. Darauf sagte ein Mitreisender: »Was hat das mit Gott zu tun?« Gott, der Schöpfer, schien ihm bestenfalls »in grauer Vorzeit« tätig geworden zu sein. In der Welt von heute sei er doch nur über den Gottesdienst, die Caritas und das Gebet gegenwärtig. Wenn das aber so wäre, wäre es schlimm für Gott. In dem Satz, daß Gott der Schöpfer des Himmels und der Erde ist, steckt ja eigentlich gar keine Vergangenheitsaussage, sondern eine Gegenwartsaussage. Als dann acht Tage später Kardinal O'Connar in der St.-Patrick-Kathedrale an der 5. Avenue den ersten Fastengottesdienst feierte und alle mit ihm das Credo beteten, hörte jener Flugpassagier in Englisch diesen Satz: »I believe in God, the father almighty, maker of heaven and earth«: Macher, maker, von Himmel und Erde. Produzent! Und bei diesem Satz denkt man unwillkürlich: Ist das denn die Welt, die wir hier sehen? Ist sie nicht vor allem von Menschenhand gemacht? Die 420 m hohen Zwillingstürme des Welthandelszentrums, ist das denn die Welt Gottes? Wenn es nicht so wäre, wäre es schlimm! Die Aussage bezieht sich auf diese Welt, auf diese Gegenwart. Und deshalb bekennt der Beter mit der Kirche: Gott ist der Schöpfer des *Himmels und* der *Erde.* Das sind nicht zwei *getrennte Bereiche,* die nirgendwo verknüpft sind, sondern das ist *eine* tiefverbundene Wirklichkeit. Also, wenn vom »Himmel« die Rede ist in der Schöpfungserzählung des Alten Testaments ist selbstverständlich die Rede vom Firmament über Palästina. Die Menschen glauben oft, es gäbe »zwei Welten« und denken dann, das, was sie im Glaubensbekenntnis bekennen, wäre Gegenstand der »einen« Welt. Für die jüdische Theologie, aus der ja Jesus schöpft und die er ja vollendet, hat Martin Buber das in seinen »Erzählungen der Chassidim«, der frommen osteuropäischen Juden des 18./19. Jahrhunderts, so ausgedrückt: Rabbi Chanoch sprach: »Auch die Völker der Erde – (das ist die bubersche Übersetzung für die Heiden) – glauben, daß *zwei* Welten sind ... sie meinen, die zwei seien voneinander abgehoben und abgeschnitten, Israel aber bekennt, daß beide Welten im Grunde eine sind und daß sie eine werden sollen« (S. 841). Die Welt ist also *eine* und das »und« zwischen Himmel und Erde verbindet nicht zwei Dinge, sondern es sind nur zwei Ausdrucksweisen für die »gleiche Sache«. Modern ausgedrückt: Gott hat Erde und Weltall geschaffen, Himmel und Erde; weil der Himmel noch eindrucksvoller war – als blaues Firmament – wird er zuerst genannt. Gott hat die *ganze* Wirklichkeit geschaffen und diese Wirklichkeit ist *eine*. Deshalb gilt dieser Satz des Credo sehr wohl auch für Bayer-Leverkusen und BASF, für Wallstreet und Ford.

Die ganze Welt ist von Gott. Damit wird zugleich die Aussage gemacht, die Welt ist letztendlich nicht zufällig, es sei denn, man schriebe Zufall mit Bindestrich: Zu-fall, denn es fällt uns zu, daß sie da ist und wir zur Mitarbeit berufen sind. Sie ist nicht chaotisch, sie hat Sinn. Und die Sinnfrage ist ja letztendlich die Frage nach dem Woher und dem Wohin. Von Zeit zu Zeit, vielleicht wenn wir im Urlaub entspannen, fragen wir uns: Wer bin ich? Keiner weiß es genau, aber auf diese Frage wird man nur antworten können: Wenn man das »Woher ich komme« und das »Wohin ich gehe« mitbedenkt. Wenn man sagen würde: Ich komme aus dem absoluten sinnlosen Chaos und ich gehe in den unwiderruflichen Tod, dann hätte man über sich die negativste Aussage gemacht, die man machen könnte: Denn, ob jemand ein Mann oder eine Frau ist, ist fast unwichtig gegenüber dieser Grundaussage, ob er ein Deutscher ist oder ein Afrikaner, ist fast unwichtig gegenüber dieser Aussage, ob er arm oder wohlhabend ist, ob er im Bezirkskrankenhaus als Patient liegt oder an der Universität lehrt, das ist relativ unerheblich gegenüber dieser Entscheidung, die ja wissenschaftlich völlig offenbleibt. Aber welche ungeheuere Vermessenheit des Menschen, so negativ zu antworten. Der Mensch, der sagen würde: Das Woher und das Wohin ist ohne Sinn – hätte Gott wahrhaftig geleugnet. Wir Christen glauben an Gott, den Schöpfer der *ganzen* Wirklichkeit. Damit aber wird zugleich der Glaube an »viele Götter« zurückgewiesen.

Nun werden wir vielleicht einwenden: das mit den vielen Göttern, das liegt doch lange zurück. Das gibt es vielleicht heute noch in Papua-Neuguinea oder in Zentralafrika, im Busch. In dem Hotel, in dem ich letzte Woche in Amerika wohnte, waren alle Stockwerke numeriert, nach dem 12. fuhr man direkt ins 14. Stockwerk, Zimmer 1421 lag –objektiv – im 13. Stock. Nun, so aufgeklärt ist der Mensch, daß er ja auch in manchem katholischen Krankenhaus kein »Zimmer 13« findet.

Diese »vielen Götter« werden in dem *einen* Gott verneint und damit wird auch jeder Hokuspokus einer gottähnlichen Magie, unter der Menschen immer wieder stöhnen mußten, beendet. Manch einer meint, der evangelische Theologe Rudolf Bultmann habe Anfang der 40er Jahre die Bibel entmythologisiert. Obwohl dieses Programm als Stichwort so auftaucht, muß man eigentlich sagen, nicht Bultmann hat die Bibel entmythologisiert, sondern die Bibel hat die Welt entmythologisiert. Während noch für die Alten in jedem Baum, in jedem Fluß, in Sonne und Mond, in den Gestirnen Götter saßen, mit ungeheurer Unberechenbarkeit, kommt die Bibel und erklärt das alles für irrig. Der Schreiber der Schöpfungserzählung oder besser Schöpfungspredigt, hat zwei Wörter im Lexikon stehen für Mond, das war der höchste aller Götter damals. – Das versteht man erst, wenn man unter der sengenden Augustsonne durch Palästina wandert, da freut man sich auf den Abend, auf den angenehmen Lichtbringer, den Mond. Zudem konnte man die Mondphasen ja nicht erklären: Neumond, Vollmond, zunehmender Mond, das war sehr geheimnisvoll. Er, der Mond, war der höchste aller Götter. – Zwei Wörter hatte man dafür: jareach braucht man heute noch in Israel für Mond – und sin, das war das Fremdwort aus Assyrien, der Großmacht von damals. Der Mond also war der höchste aller Götter. Und wenn es dann später in der Bibel heißt: Ich sah die Frau, mit der Sonne bekleidet, den Mond zu ihren Füßen (vgl. Offb 12,1), da muß man übersetzen: auf den Mond »tritt« sie. Der niedrigste aller Menschen, die Frau, tritt auf den Mond! Und an seine Stelle rückt sie das Kind, das hält dann, in mancher mittelalterlichen Darstellung schön geschnitzt, die Weltkugel in der Hand. Sehr zutreffend! Die vielen Götter werden zu bloßen Gegenständen, werden abgelöst durch den Menschen. Was schreibt der Theologe, der beide Wörter *nicht* benutzt, als er über die Erschaffung des Mondes redet – er sagt: Gott, Jahwe, hat die kleine Lampe am nächtlichen Himmelszelt gemacht. Hätte er gesagt: Jahwe hat den »jareach« oder den »sin« gemacht, hätte der Zuhörer gedacht, der Gott der Israelis habe den Gott der Assyrer gezeugt. Göttlich wäre der Mond geblieben. Und als der Theologe auf die Sonne zu sprechen kommt, die selbst die Römer noch als den »unbesiegten Sonnengott« verehrten, als den »sol invictus«, da benutzt er ebenfalls nicht das hebräische Wort, das »im Duden« von damals stand, sondern er sagt: Gott, Jahwe, hat auch die große Lampe am Tageshimmelszelt gemacht. Also Gott ist der »Macher« dieser Dinge. Und als die Sprache auf den Menschen kommt – Adam, das war zunächst kein hebräischer Jungenname, das war eine Ableitung von »adama« und heißt: die Erde, die Materie –, nannte er ihn Adam, d. h. Erdling. Wie wahr! Er nannte ihn – modern ausgedrückt – komplizierte Chemie, DNS-Molekül. Ungeheuer! Die Bibel zerschlägt alle Götterbilder, den Menschen aber nennt sie Ebenbild Gottes.

Dadurch, daß Gott *alle* Wirklichkeit »macht«, wird die Wirklichkeit, die uns bedrückt, relativiert. Das Bedrückende ist nicht das Letzte. Das, was auf der »Seite 1« in der Zeitung steht und selbstverständlich auch in den Lehrbüchern der Physik und Chemie, ist nicht das Letzte. Die Wirklichkeit ist grundsätzlich vollendungsfähig! Gott, den das apostolische Glaubensbekenntnis mit Jesus unseren *Vater* nennt, trägt das All. Ihm können wir vertrauen. Die Natur aber ist nur dinghaft! Der hl. Bonifatius, der Apostel der Deutschen, wußte das noch. Der konnte noch bei Fulda einen Eichbaum fällen – was hätten die Grünen dazu gesagt? –, um klar zu machen, wenn darin der Gott des Blitzes wohnt, dann soll er mich doch erschlagen. Wenn der Geist dieses Bonifatius heute jede Druckzeile von Theologen Korrekturlesen würde, würde mancher Satz gestrichen. Die Bibel macht den Menschen zum Mitarbeiter

Gottes bei der Gestaltung der Welt. Die Schöpfung dauert an! Allerdings, wenn wir über Gott, den Schöpfer, so denken, hat das Konsequenzen für das Gespräch mit den Naturwissenschaften. Um so überraschter wird man sein, wenn man den von vielen kompetenten Theologen entworfenen neuen Katholischen Erwachsenen-Katechismus aufschlägt. Auf der ersten Seite, die unser Thema berührt (S. 92), wird die Notwendigkeit des Gespräches zwischen Theologie und Naturwissenschaften ausdrücklich betont. Dann aber heißt es: »Im Prozeß gegen Galilei, 17. Jahrhundert, der als erster klar formulierte, daß sich entgegen dem Augenschein nicht die Sonne um die Erde, sondern die Erde um die Sonne dreht ...«, genau das aber hatte *Kopernikus* rund 50 Jahre *vorher* festgestellt! Wie kann man denn das Gespräch zwischen Glaube und Naturwissenschaft auf dem Hintergrund solcher Verwechslungen führen? Galilei z. B. hatte in einem Brief 1633 geschrieben, er sei tief überzeugt, Gott habe die *eine* Wahrheit in *zwei* Büchern aufgeschrieben, wie er sich ausdrückt. Nämlich »im Buch der Taten Gottes« und »im Buch der Wörter Gottes«. Galileo Galilei meinte: Das Buch der Wörter Gottes, die Bibel, sei leichter zu lesen als das Buch der Taten Gottes. Da sind wir heute nicht mehr ganz so sicher, wenn man an die moderne Exegese denkt. Aber Recht hat er sicher, wenn er sagt: Es ist *dieselbe* Wahrheit, die in den beiden »Büchern« steht. Und deshalb kann kompetente Wahrheitsfindung in dem einen Buch nicht gegen die kompetente Auslegung des anderen Buches stehen, wahrhaftig nicht.
Der *zweite Satz* unseres Themas steht so nicht im Glaubensbekenntnis und man kann hinzufügen: Gott sei Dank. Er klingt sehr schön, ist aber auch mit dem Erwachsenen-Katechismus – wenige Seiten weiter – zu relativieren. Auf Seite 96 heißt es: »Wie die Schöpfung einen Anfang und ein Ziel hat, so hat sie ihre Mitte in Jesus Christus«. Das ist richtig. Aber deshalb kann man nicht einfach sagen: Der Mensch ist die Mitte und die Krone der Schöpfung. Es ist vielmehr *der* Mensch. Denn *wir* sind wahrscheinlich auf dem Wege dahin, Menschen zu werden. Wenn Darwin das Zwischenglied gesucht hat zwischen dem Tierreich und dem Mensch, das »missing link«, das fehlende Zwischenglied, dann hat Darwin es nur deshalb nicht gefunden, weil er übersehen hat, *wir*

sind das Zwischenglied, *der Mensch* ist Jesus von Nazaret, des Menschen Sohn, des Adams Sohn, der *wahre* Mensch. Wir *können* es noch werden und *sollen* es auch werden. Denn nur insofern wir Jesus *ähnlich* werden, sind auch wir »Krone der Schöpfung«.

Nun ist der Ausdruck »Mitte« ein volkstümlicher Ausdruck und soll auch hier nicht überinterpretiert werden. Aber wenn schon der Volksmund sagt, die Wahrheit läge »in der Mitte«, so muß man anmerken, daß dies keineswegs so ist. Die Wahrheit liegt *da,* wo sie *liegt,* aber das ist nicht notwendigerweise die »Mitte«, vor allen Dingen nicht mitten zwischen zwei Fehlern. Aber nehmen wir es als eine bildhafte Ausdrucksweise. Dafür steht auch der Ausdruck »Krone der Schöpfung«. In einer Zeit, in der wir Demokraten geworden sind, tun wir uns schwer mit solch' einem Begriff. Aber als Bild ist unmittelbar klar, was gemeint ist. Das *Ziel* der Schöpfung ist der Mensch, aber wohlgemerkt, der Mensch, der er sein *soll,* nicht einfach ein schon Vorgefundener. *Nicht einfach wir!*

Deshalb sagt denn auch der Erwachsenen-Katechismus (S. 96): »So ist die Schöpfung keine starre Wirklichkeit, sondern stellt ein Geschehen dar, das nicht abgeschlossen, sondern offen ist für die Zukunft.« Das schließt eben die Mensch*werdung* des Menschen *ein.* Der Prozeß verläuft ja nicht so, daß Gott jetzt, im Bilde gesprochen, den ganzen Etat an Zeit ausgeschöpft hat, um die Welt zu machen, sondern er läßt noch »etwas« offen für den Menschen. Und indem der Mensch nun das, was Gott zu gestalten offenläßt, durch seine Arbeit gestaltet, wird der Mensch im eigentlichen und im tiefsten Sinne Gottes Ebenbild. So sagt es auch die große Sozialenzyklika »Laborem exercens«, daß der Mensch vor allem dadurch Gottes Ebenbild wird, daß er arbeitet. Als schöpferischer Mensch wird er nämlich seinem Schöpfer ähnlich. Es ist erstaunlich, daß immer wieder Theologen dies beklagen. Denn, wo ein Mensch nichts *machen* kann, ist er auch sittlich nicht verantwortlich. Man fragt sich also, warum die Machbarkeit gerade von Theologen kritisiert wird. Nur wo der Mensch etwas machen kann, ist er sittlich Handelnder. Denn nur so steht er vor der Möglichkeit, es gut *oder* falsch zu machen. Selbstverständlich ist das *Falsch*machen abzulehnen, aber deshalb noch nicht das Machen überhaupt. Diese Unterscheidung muß unbedingt in unser Denken über den Schöpfer, der im Menschen sich ein Ebenbild geschaffen hat, hineingenommen werden. Die Schöpfung geht also auch durch den Menschen weiter. Der Mensch verändert aber, indem er arbeitet, nicht nur die Welt, baut Brücken und Häuser, Flugzeuge und Wolkenkratzer, fliegt sogar zum Mond und kommt gut wieder zurück, sondern, während der Mensch die Welt gestaltet, verändert – ja vervollkommnet – er auch sich selbst, wie die Pastoralkonstitution des II. Vatikanischen Konzils ausdrücklich betont (Ziff. 35). Das ist etwas ganz Entscheidendes!

Ein Mensch, der gute Arbeit leistet, der motiviert ist, der verändert sich auch selbst zum Guten. Ein Mensch, der keine gute Arbeit leistet, der behindert sich selbst und die Vollendung der Schöpfung. Selbstverständlich heißt »gute Arbeit« nicht immer schon nobelpreisverdächtiges Tun. Es kann vielmehr auch eine ganz einfache Tätigkeit sein. Jeder Mensch hat den Auftrag, *sein* Talent zu nutzen, das ja von Gott stammt. Durch die Arbeit wird der Mensch, so kann man mit Laborem exercens sagen, ja geradezu *mehr* Mensch, wenn er die »Gebrauchsanweisung« des Weltenschöpfers immer beachtet. Wir sind gewohnt, daß wir uns Kinder Gottes nennen dürfen. Wenn wir aber Kinder Gottes sind, »Rockefeller Junior«, warum sollten wir dann nicht auch Partner Gottes heißen dürfen? In Laborem exercens, Ziff. 27, fragt ein Papst zum ersten Mal in einem Satz nach der Beziehung zwischen dem, was aus unserer guten Arbeit hervorgeht und der Auferstehung Christi. Wenn der Papst aber diese ungeheuere Frage stellt, erfragt er mit theologischer Notwendigkeit einen weiteren Zusammenhang, nämlich: Was hat das Werk unserer Arbeit zu tun mit *unserer* Auferstehung? Denn diese ist ja eine Folge von *Jesu* Auferstehung. Erst der Auferstandene ist der ganze Mensch. Und wenn Jesus der Mensch-Gewordene ist, dann ist er das in Betlehem erst in einem Anfangsstadium, ist *auf dem Wege*, Mensch zu *werden*. Als er gestorben und auferweckt war, da war der *Prozeß* der Menschwerdung am Ziel. Auch wir sind aufgerufen, diesen lebenslangen Prozeß *unserer* Menschwerdung mit Gottes Hilfe, d. h.mit Gottes »Servolenkung«, zu vollenden.

Warum gibt es nur so schöne Predigten über die Wunder der Natur: Vom Sonnenaufgang, wenn das Eis schmilzt und die Krokusse blühen? Das sind ja alles Wunder. Aber über die *Wunder der Technik,* warum gibt es darüber so gut wie keine Predigten? Obwohl die Schöpfung weitergeht, obwohl ganz neues Gleichnismaterial entsteht, wird dieses von den Theologen fast nicht bemerkt und genutzt. Nehmen wir doch einmal ein Fernsehgerät. Wenn Julius Cäsar durch ein klassisches Wunder wieder bei uns wäre, dann müßte er zunächst alles nachlernen; das gilt auch für Bibel- und Katechismusunterricht. Dann sähe er in der Ecke ein Fernsehgerät, das nicht angeschaltet ist, und fragt: Was ist denn das? Wir würden antworten: Das ist ein Fernsehgerät mit Videorekorder; heute abend legen wir eine Kassette ein, dann sehen wir, wie John F. Kennedy – das war ein Imperator aus einem anderen Land; er wurde 1963 ermordet – seine Frau heiratet. Was, würde Julius Cäsar sagen, ein Mann, der tot ist, den kann man bei seiner Hochzeit sehen? Das glaube ich nicht! Denn, so könnte er fortfahren, dann wäre das ja eine *»Bildauferstehungsmaschine«.* Wahrhaftig – Videorekorder sind »Bildauferstehungsmaschinen«, Tonbänder sind »Stimmauferstehungsmaschinen«, sogar schlichte Telefone transportieren nicht die Stimme von Oma Josephine, sondern ein digitalisiertes Signal: »0« bzw. »1«. Die Nullen braucht man nicht mehr zu transportieren, das sind nur die Lücken zwischen den Einsern. Und aus dieser mathematischen Grundstruktur wird die tonidentische Stimme der Oma in der anderen Stadt gemacht. Auch das ist eine »Stimmauferstehungsmaschine«. Die Schöpfung geht weiter, ja, und die Spuren sind zu sehen und wir müßten diese Spuren erkennen und müßten sie vom Glauben her deuten. Gott schafft, so könnte man sagen, nur soviel wie nötig. So macht es ja auch ein guter Lehrer oder eine prächtige Mutter, die dem Kind, dem Schüler, nur *soweit* zuarbeiten, wie es unbedingt erforderlich ist.

Im Prozeß der Mündigwerdung nimmt der Begleitende, der »Trainer«, sich selbst zurück, setzt frei, hilft nur, wo Hilfe nötig ist, gewährt nur »Hilfe zur Selbsthilfe«, nicht mehr. Alles andere wäre Übervormundung! So sagt es das Gesellschaftsprinzip, das Papst

Pius XI. 1931 feierlich verkündet hat: das Prinzip der Subsidiarität. Und wo dieses Prinzip verletzt wird in Staat und Wirtschaft, Kirche und Gesellschaft, da entstehen große Schäden. Wo aber die Leitung sich auch wieder zurückzunehmen bereit ist, dort sichert dieses Prinzip das Wohl aller! Warum sollte Gott dieses Prinzip nicht auch selber »befolgen«? Es ist ja höchster Ausdruck seiner Weisheit. Sollte er als Schöpfer mehr tun als nötig? Nein! Dann fiele seine eigene tiefste innere Führungswahrheit auseinander mit jenem Rat, den er einem Vater und einer Mutter, einem Lehrer und einem Priester durch das kirchliche Lehramt mit auf den Weg gibt. Nein, Gott hilft soweit und schafft soweit, wie es *nötig* ist; d. h. er schafft die *Basismöglichkeiten,* aus denen der Mensch dann selbständig handeln soll, zum Guten selbstverständlich. Gott schafft also *nicht zuviel,* sondern er gewährt dem Menschen Raum zur *Mitarbeit* an der Schöpfung. Der Mensch soll sich so seiner Gottebenbildlichkeit bewußt werden, weil er etwas »machen« kann. Und wo er es *noch nicht* kann, soll er Gott bitten, damit er ihn mit Phantasie und dem Geist der Kreativität, dem Heiligen Geiste, stärkt, und ihm so neue Ideen schenkt, damit er auch neue Probleme lösen kann. Als Jesus Kranke heilte, da sagten die Leute, Krankheiten sind eine Strafe Gottes. Er aber sagte: Nein, daran sollen die Großtaten Gottes offenbar werden!

Gott ins Handwerk pfuschen, das tut der Mensch nur, wenn er *falsch* handelt, wenn er schlechte Arbeit leistet. Er soll das Gute je neu und überall tun. Er ist Mitträger der Schöpfung; die Vollendung der Welt ist auch seine Aufgabe, wie mehrere Stellen der Pastoralkonstitution, der Enzyklika Populorum progressio, Über den Fortschritt der Völker, und die Enzyklika über die Arbeit lehren. Ja, der Mensch ist Mitarbeiter Gottes an der Vollendung der Welt. Die Schöpfung, so sagt es der neue Erwachsenen-Katechismus auf Seite 95, »die Schöpfung ist der Anfang, der auf die Vollendung hingeordnet ist«. Jawohl! Und im Augenblick fliegen wir alle eine *»Warteschleife«* über den großartigen Möglichkeiten Gottes. Wir sollten sie baldmöglichst gestalten! Wir sollten diese christliche Schöpfungshoffnung immer neu »landen« lassen auf Gottes Rollbahnen in Chemie und Ökonomie, in Wissenschaft und

Kunst, in Sport und Familie, in *aller* Wirklichkeit. Der Glaube darf nicht in die Sakristei eingeschlossen werden, er ist vielmehr das Backpulver der Weltgeschichte, der Sauerteig der Schöpfung, wenn wir nur handeln würden, wie er es will!

14 Tod, Auferstehung und ewiges Leben – Was dürfen wir hoffen?

Beginnen wir mit einem Zitat: »Ich werde nie mit einem Typen befreundet sein, der gern in Diskos geht. Ich verabscheue die laute Musik und das wilde Tanzen. Ich laufe lieber Langlauf ... Und ich möchte ewig leben«[1]. Mit diesen Worten beendete vor kurzem Steffi Graf ein Interview mit einer bekannten deutschen Radio- und Fernsehillustrierten. Auch der für seine großartigen Kirchenfenster berühmte Glaskünstler Georg Meistermann äußerte sich erst jüngst im Fernsehen in diesem Sinne. »Am liebsten möchte ich ewig leben«, sagte der alte Herr. Aber auch gegenteilige Ansichten kann man immer wieder hören. Sie werden überwiegend wohl von *jungen* Menschen vertreten, die noch weit genug von diesem Ereignis entfernt sind, dem Ereignis Tod. So sagte neulich in der Eisenbahn eine junge Studentin, die Richtung Passau fuhr und dort Jura studiert: »Der Tod ist etwas ganz Natürliches. Er gibt dem Leben erst seine volle Bedeutung«. Sehr ähnlich findet man es im Katholischen Erwachsenen-Katechismus auf Seite 401. »Ohne den Tod«, heißt es dort, »wäre das Leben eine große Langeweile«? – privat füge ich hier ein Fragezeichen hinzu. Doch, wem das Ereignis Tod auf den Leib rückt, der äußert sich in der Regel anders, wie z. B. Krankenhausgeistliche immer wieder erfahren. Der Verdacht liegt also nahe, daß nicht selten mit der Annahme des Todes auf sichere Distanz kokettiert wird. Im Grunde lehnt der gesunde Mensch den Tod rundherum ab, er will leben, wenn möglich, ewig leben. Genau dieser Herausforderung, diesem Urwunsch des Menschen, ja wahrscheinlich aller Kreatur, stellt sich der christliche Glaube. Was in jedem Parteiprogramm wohl verständlicherweise fehlt, was Wissenschaftler fürchten läßt, sie könnten sich damit lächerlich machen, dazu bekennt sich die Gemeinschaft der Christen, die Kirche, im letzten Satz des Glaubensbekenntnisses wie in einem Trommelwirbel: »Wir erwarten die Auferstehung der Toten und das Leben der kommenden Welt«.

Wirklich, eine ungeheuere Aussage! Aber auch eine befreiende. Doch, so wird mancher moderne Mensch fragen, steht nicht hinter diesem großen Hoffnungsziel letztlich schlicht bloß Wunschdenken? Oder sprechen wir solche Sätze nur deshalb nach, weil sie uns von Kindheit an vertraut sind wie die Erzählungen der Großmutter vor dem Einschlafen? Steht der christliche Auferstehungsglaube nicht in krassem Gegensatz zu allem, was wir heute wissen, ja, was wir überhaupt wissen können? Dieser Anfrage stellt sich der neue Erwachsenen-Katechismus, wenn er in Hinblick auf Tod, Auferstehung und ewiges Leben (mit 1 Petr 3,15) bereit ist, »allen Menschen Rechenschaft zu geben von der Hoffnung, die uns erfüllt«. So fragt der Erwachsenen-Katechismus nicht, was sollen oder müssen wir hoffen, sondern wie ein trauriger Skeptiker, der froh wäre, wenn er es doch nur mit seinem Wissen vereinbaren könnte, was *dürfen* wir hoffen? Hier ist es also zunächst für den modernen Menschen von großer Bedeutung, daß das, was wir *wissen*, dem, was wir *hoffen, nicht widerspricht.* Ansonsten wäre ja Denken überflüssig. Da aber das Wissen der Menschheit zunimmt, können jeweils auch neue Widersprüche zur Hoffnungs*gestalt* entstehen. Diese müssen aber von der Theologie abgebaut werden, sonst leidet schließlich auch noch die Hoffnung *selbst,* und das wäre schlimm. Spätestens hier wird deutlich, daß es keine Hoffnung ohne eine Hoffnungs*gestalt* gibt in Schrift, Sprache und Denken. Diese *Gestalt* ist aber mit der *Hoffnung* selbst *nicht identisch.* Wäre sie das, so würde die bloße Wiederholung der Hoffnungsformel hinreichend sein, ja, jede Abweichung von der bloßen Wiederholung wäre Abweichung von der Wahrheit der Hoffnung, wenn diese mit der einmal gefundenen Hoffnungsgestalt identisch wäre. Dann aber wären Schallplatten und Tonbänder besser als Theologen, denn diese *wiederholen* garantiert nur. Das aber ist für Theologie, für Rede von Gott in der Sprache unserer Zuhörer, zu wenig. *Hoffnung* und Hoffnungs*gestalt* sind aber *nicht identisch!* Das weiß die Kirche, das weiß der Erwachsenen-Katechismus.
Wir brauchen Bilder, Vergleiche, »hinkende Begriffe«. Es gibt keinen Begriff, der göttliche Letztwahrheit »eins zu eins« abbildet. Er bleibt immer letztlich Gleichnis und deshalb auch verbesserbar. Allerdings wird jeder neue Vorschlag auch selbst unter dem Vor-

behalt, daß er nur Gleichnisrede sein kann und sein will, zu verstehen sein. Für den so nachdenkenden Christen wird dann Verantwortung als Antwortgeben deutlich. Die vom neuen, höheren Wissensstand gestellten Fragen unserer Zeit müssen zu einer glaubwürdigen Antwort geführt werden. Dabei holt zwar das Wissen selbst der brillantesten Köpfe nie die stets vorauseilende Hoffnung ein, und das ist auch wissenschaftstheoretisch kein Problem, wohl aber holt das Wissen zeitbedingte *Gestalten* der Hoffnungssprache, der Glaubensverkündigung ein. Deshalb hat das Denken die Aufgabe, *vermeintliche* Widersprüche, denn echte kann es gar nicht geben, als solche, nämlich als nichteigentliche Widersprüche, aufzuzeigen und damit die Glaubwürdigkeit der Frohen Botschaft für den Menschen von heute deutlich zu machen. Der denkerische Nachweis, daß konkrete Hoffnungsgestalten unzulänglich sind, ist überhaupt *nichts Überraschendes,* vielmehr das geradezu zu Erwartende. Weshalb auch jeder neue, moderne Vorschlag, Hoffnung zu denken oder gar, genauer gesagt, der Hoffnung im Wissenshorizont einer Zeit eine akzeptable Gestalt zu geben, schon im Ansatz immer als vorläufig bezeichnet werden muß, weil der Kern der Frohen Botschaft nie *voll* in Sprache und Bildern eingeholt werden kann. Ansonsten würden wir gegen das *erste Gebot* verstoßen, das ja ein Bilderverbot ist. Es meint nicht den Photographen, sondern das theologische Bild, das sich für *unverbesserlich* hält. Wenn man sich nämlich ein abschließendes Bild von einem theologischen Problem macht, dann begeht man *Götzendienst,* man hält das Bild für die *volle* Wirklichkeit. Da aber Gott das unauslotbare Geheimnis ist, bleiben alle Bilder *vorläufig* und begrenzt und sollen Hilfen sein, aber nicht Absolutsetzungen. Das gilt selbstverständlich auch für das hier Vorgetragene.

Die Frage, was dürfen wir hoffen, kann wohl so beantwortet werden: Wir dürfen auch und gerade als von der Wissenschaft geprägte Menschen *immer mehr hoffen* als wir *wissen.* Und wer *weniger* hofft als er weiß, ist ein *Tor.* Das kann man in jedem wissenschaftlichen Kollegium darlegen. Aber wir dürfen – und das nicht einmal im Ansatz – nicht gegen unser Wissen Hoffnungs*bilder*, Hoffnungs*gestalten,* Verpackungsmaterial »für wahr« erklären, da ganz grundsätzlich unser Wissen, wie wir schon sagten, immer weiter wächst, was wir von der Hoffnung nicht sagen können. *Sie* ist immer schon unser *Ziel*. Da sie letztendlich Gotteswirklichkeit ist, müssen wir inzwischen ungeeignete und damit hinderliche, ja, im gewissen Sinne *falsch gewordene* Hoffnungs*gestalten* durch neue, bessere, aber selbst auch nicht vollkommene Hoffnungsgestalten ergänzen. Das ist allerdings kein Einwand gegen neue, *bessere* Hoffnungsgestalten, komparativisch, denn ja auch diese sind *nur Gleichnisse* der allem Wissen voraneilenden Hoffnung. Jesus sagte z. B. nicht, das Himmelreich ist *identisch* mit Sauerteig oder, modern formuliert, mit Backpulver, sondern er sagte, mit dem Himmelreich verhält es sich *wie* mit. Es gibt etwas Gemeinsames, etwas Vergleichbares, aber damit ist doch Sauerteig noch nicht das Himmelreich. Nun werden wir fragen, gibt es denn durch die Ansammlung von Wissen und Technik und gesellschaftlich kulturellem Fortschritt, gibt es denn dadurch wirklich neue Hoffnungsgleichnisse, völlig neue Hoffnungsgestalten?

Hier könnte man fragen: Ist denn die Sprache der wissenschaftlichen Theologie nicht grundsätzlich von anderer Art als die Sprache der Gleichnisse? Keineswegs. Denn auch wissenschaftliche Theologie und was daraus gemacht wird, ist ja nur Gleichnisrede, in der allerdings Wahrheit und Hoffnung je neu aufleuchten soll, oder genauer, unsere Herzen erreichen soll. Hier gilt es, die Bäume, die theologischen Vorschläge, an den Früchten zu erkennen, d. h. ob durch das neue Hoffnungsgleichnis, durch die neue Art zu denken, Hoffnung beim Menschen, beim Suchenden gefördert wird, ob es hilfreich ist oder nicht. Die Kontinuität, der sich alle Theologie verpflichtet weiß, weil *die* Wahrheit nicht geändert werden kann, diese Kontinuität gilt eben nicht der möglichst genauen Wiederholung der Hoffnungsgestalten, diese sind zeitbedingt, gilt nicht der jeweiligen theologischen Verpackung, sondern gilt dem Inhalt der befreienden Botschaft, in der Gott den Horizont selbst der größten Köpfe überspringt, auf das, was uns vielleicht unmöglich scheint. Das Wort aus 1 Petr 3,15, das wir eben gehört haben, meint ja genau diesen Umstand: Gebt jedem Rechenschaft über eure Hoffnung und gebt, können wir hinzufügen, diese Rechenschaft in der Sprache der Welt *von heute*. Es sind ja nicht nur die

Sprachen der Völker: Englisch, Japanisch, Deutsch, Chinesisch, Russisch, Polnisch, sondern es zieht ja eine völlig neue Sprache herauf. Es ist die Sprache der Menschen, die der Natur ihre Geheimnisse, ihre Schöpfungsgesetze ablauschen, die Sprache der Naturwissenschaftler, die man bei Yashica genauso versteht wie bei Siemens, eine *neue* Sprache.

Also heißt die Aufforderung: Gebt auch in *dieser* Sprache Rechenschaft über eure Hoffnung, sucht Verpackungen, in denen die Frohe Botschaft als »Superinhalt« tatsächlich *zu* den Menschen gelangt, damit sich ihr Herz öffne und ihr Leben *verändere.* Genau hier müssen wir uns dem *Inhalt* unserer Hoffnung stellen. Dieser Inhalt ist die uns von Gott geschenkte Verheißung: »Der Tod wird nicht mehr sein, noch Trauer, noch Klage, noch Schmerz« (Offb 21,4). Und, so können wir hinzufügen, verheißen ist ein Zeitalter, eine Welt, eine *kommende* Welt der Auferstehung. Diese wird anbrechen. Angesichts des millionenfachen Sterbens, Tötens, ja Mordens – klingt dies nicht wie ein Wunschtraum weltferner Theologen, schiebt sich nicht vor eine solche Hoffnung der »Filter der Realität«, der Filter der Glaubwürdigkeit? Genauso aber fragt der Mensch nicht erst seit heute, so fragten auch unsere Vorfahren. Hierauf, auf diese kritische Frage muß geantwortet werden, will man verantwortlich mit dem Glaubenskern umgehen, will man Antwort geben im Horizont einer aufrichtigen Frage. Doch wenn dieses Problem der Glaubwürdigkeit *nicht neu* ist, selbst unseren Vorfahren vertraut war, dann werden sich diese Vorfahren ebenfalls in *ihrer* Weise dem Problem gestellt haben und man muß beim Rückblick durch die Kirchengeschichte auch deren Bemühungen finden, immer neu die christliche Hoffnung auszusprechen. Doch *wie* haben unsere Vorfahren das getan, und wir müssen heute hinzufügen, *warum* waren sie so *erfolgreich,* ohne Kirchensteuer, ohne Wort zum Sonntag? Die Antwort könnte wohl so lauten: Unsere Vorfahren haben in der ihnen bekannten Welt nach Vergleichen gesucht, die diese unabschüttelbar erscheinende Macht des Todes in Frage zu stellen schien. Dies war auch dann richtig und legitim, wenn das Gleichnis, das frühere Theologen benutzten, aus heutiger Sicht streng genommen, Unzulänglichkeiten aufweist, vielleicht gar falsch ist. So der Vergleich, den Paulus benutzt, mit dem Weizenkorn, das ja, wenn es in die Ackererde fällt, eben *nicht stirbt,* wie noch Paulus argumentiert. Aber das ist ja nicht der Punkt, auf den er hinaus will. Er nimmt das Gleichnis vom Korn, das in die Ackererde fällt und *vermeintlich* stirbt, und sagt, so ist es auch mit Tod und Auferweckung.

Aber auch ganz anders geartete Beispiele haben unsere Vorfahren gesucht und haben Hoffnungsargumente gefunden. Die griechische Philosophie, also durchaus nichts Christliches, deren geballte Klugheit, das brauchen wir nicht einmal in Anführungszeichen zu setzen, die christliche Auferstehungshoffnung meinte verlachen zu können, hatte einen Begriff erarbeitet, lange vor Jesus Christus, der den christlichen Theologen nicht ungeeignet erschien, um genau diese Hoffnung auf Auferstehung, die ja eigentlich *etwas völlig anderes* ist, als was die griechische Philosophie mit ihrem Begriff verband, um die vermeintliche Unglaubwürdigkeit der christlichen Botschaft abzuschütteln. Die Waffe, die von griechisch-heidnischen Philosophen geschmiedet worden war, wurde für die Verkündigung der christlichen Botschaft genutzt. Diese Waffe, dieser Begriff ist uns allen vertraut, so sehr vertraut, daß wir meinen, es sei ein urchristlicher Begriff, was er keineswegs ist, sondern er ist ein philosophisch heidnischer Begriff und dieses Wort, dieser Begriff heißt: Seele. Kein Wunder, daß erst vor wenigen Jahren, nämlich 1979, die Glaubenskongregation in Rom diesen Begriff in Anführungszeichen setzte. Der ungeheure Erfolg aber, den die christliche Theologie angesichts der Todes- und Auferstehungsproblematik mit diesem philosophischen Begriff erzielte, lag darin begründet, daß so die griechische Gelehrsamkeit mit ihren eigenen Argumenten geschlagen werden konnte. Zwar machte die christliche Theologie in Hinblick auf die Frage, *wie* ewiges Leben für sterbliche Menschen denkbar wurde, einen, so wird man heute vielleicht sagen, nicht ungefährlichen Kompromiß, oder etwas salopp ausgedrückt, einen »doppelten Rittberger«: Versprach der biblische Auferstehungsglaube keineswegs ein *ungebrochenes* Hindurchgehen durch den Tod, sondern die Erweckung aus dem *tatsächlichen Untergang* und so die Verwirklichung eines neuen und von nun an nichtendenden Lebens, so »schluckten« die christlichen Theologen, um das »Daß« dieses

nichtendenden Lebens für jeden gebildeten Griechen glaubwürdig zu machen, sogar, bedingt, die »*Wie*-Gestalt« des mit dem Seelebegriff verbundenen griechischen Denkmodells.
Der Tod, so sagten die griechischen Philosophen, betreffe gar nicht den *ganzen* Menschen, *nur seinen Leib* und den wollte man sowieso loswerden. Weshalb ja auch Paulus, als er auf dem Areopag spricht, von den Weisen hört, als er auf die Auferstehung zu sprechen kommt, »darüber wollen wir dich ein andermal hören«. Die höflichste Art, sich zu verabschieden! Das, was die griechische Philosophie »Seele« nennt, gehört nämlich der *Ideenwelt* an und konnte – gemäß ihrer großen Philosophen, Platon z. B. – überhaupt nicht sterben. Dieser Gedanke ist also nicht spezifisch christlich. Er findet sich vor Christus bei heidnischen Philosophen. Als die christlichen Theologen den ungeheueren Erfolg bemerkten, den sie durch Hineinnahme dieser Argumentation erringen konnten, der griechischen Gelehrsamkeit verging nämlich bald das Lachen über die christliche Auferstehungshoffnung, da konnte der so »getaufte« Begriff der »Seele« in die Breite wirken. Und das hat er so erfolgreich getan, daß *wir* die Tatsache, daß er gleichsam »adoptiert« wurde, gar nicht mehr bemerken. Aber diese Breitenwirkung war gut und notwendig. Denn das, worauf es ankommt, nämlich, daß der *Tod nicht das letzte Wort* hat, genau das war nun gesichert. Der befreiende Hoffnungs*inhalt* war gerettet, selbst die weltweisen, klugen Griechen gaben klein bei. Allerdings war so auch eine Wie-Vorstellung mit diesem »daß« es möglich ist und »daß« es nicht sinnlos ist, übernommen worden. Und mancher Ungeübte hielt diese Wie-Vorstellung schon für die Sache selbst. Dies war solange nicht gefährlich, wie das griechisch-philosophische »Packpapier« den – ich sage es jetzt einmal salopp – »Verkauf« der christlichen Auferstehungshoffnung *nicht gefährdete,* im Gegenteil, ihn offensichtlich *förderte,* vielleicht sogar gegenüber der griechischen Kultur *gerettet* hat.
Inzwischen aber hat sich die Lage hier entscheidend verändert. Nehmen wir die Sprache des Tennis. Der einst so hervorragende Partner, den sich die christliche Theologie angelacht hatte, für das »biblisch-griechische Doppel« im »Endspiel um die Hoffnung« ist in eine Formkrise geraten. Die einfachsten »Matchbälle« gehen

verloren und das Klagelied einiger theologischer Trainer, »die anderen spielen zu hart«, wird wenig helfen. Eine wirkliche Neubesinnung, eine Metanoia, eine Umkehr, ein *neues* Denken tut not. Und hier gibt es eine gute Nachricht. Diese Neubesinnung auf den Begriff »Seele« ist möglich. Doch ehe sie hier entfaltet wird, soll bereits eine Prognose über ihre Wirksamkeit gewagt werden. Nämlich: wenn wir den griechischen Philosophiebegriff »Seele« im Horizont der modernen Industriekultur durchleuchten, dann wird die christliche Auferstehungshoffnung, um die es uns ja geht, *noch erfolgreicher* sein, als sie es bereits einmal war!
Die großen Theologen des Mittelalters haben den Begriff »Seele«, lateinisch »anima«, erklärt als »forma corporis«, als »Form« des Körpers. Nun denken wir diesen Begriff einmal weiter in Hinblick auf die Tatsache, daß dieser Begriff »anima« eine ganz breite Auffächerung hatte, allein im mittelalterlichen Denken bis in die Neuzeit, bis in die Wissenschaft »Psychologie«, was ja nichts anderes als »Seelenkunde« heißt. Der Begriff ist nämlich keineswegs auf den *Menschen* beschränkt. Die Philosophen, Scholastiker und Theologen des Mittelalters sprachen von der »anima vegetativa« und meinten das belebende Element im pflanzlichen Bereich. Sie sprachen von der »anima sensitiva« und meinten damit das Belebtsein im Bereich der Tiere. Das ist ja auch nicht ein Nichts.
Deshalb könnten wir, um Gleichnismaterial zum Denken bereitzustellen, nicht schon die Lösung zu *wissen* und gar zu dekretieren, könnten wir diesem Ansatz folgen und versuchen, möglichst »basishaft«, einfach, den Begriff der Seele, der animà, in die Welt des zunächst Unbelebten und dann des Höheren zu übersetzen. Das ist durchaus möglich. Suchen wir zunächst ein modernes Wort für Seele, für »anima«. Noch vor hundert Jahren stand es auf vielen Buchtiteln ganz vorne. Es ist heute fast völlig verschwunden. Aber es hat ein Nachfolgewort gefunden und das klingt sehr modern, es ist »in«. Das Wort heißt: »Struktur«. »Anima«, das ist die *Struktur* der Wirklichkeit, das ist die »forma corporis«. Denken wir nicht an den Menschen, denken wir an die tausend Strukturen, die wir sehen. Das Wort ist sogar zum neuen Sündenbock geworden. Man kann es zur Entlastung gebrauchen. Die Arbeitslosigkeit

sei »struktureller« Art. Was das ist, das bleibt dann aber unerklärt. Fangen wir ganz einfach an, so, wie wenn wir ein Kind an der Hand nehmen, das mit Legosteinen spielt, schwarzen und weißen Plastiksteinen. Ich kann mich erinnern, daß ich einen 9jährigen Jungen bei mir im Auto hatte, Holger heißt er, und er stellte mir folgende Frage: »Lothar, sag' mir doch, du kannst ja gut rechnen, wieviel Schachspiele kann ein intelligenter Schachspieler spielen, ohne sich zu wiederholen«? In der Frage spiegelt sich das hohe Niveau seines Elternhauses. Aber die Frage ist fundamental. Sie heißt nämlich für unsere Fragestellung übersetzt: Wie oft läßt sich auf einem Schachbrett das Muster ändern – nehmen wir jetzt in Gedanken die schwarzen und weißen Legoplastiksteine –, ohne daß man sich wiederholt? Damit ist die Frage des Jungen zwar etwas vereinfacht, aber um der Klarheit halber folgen wir dieser letzteren Fragestellung. Wieviele *Muster,* wieviele verschiedene *Strukturen* – englisch *pattern* – können wir auf einem Schachbrett legen, das ja 8x8 Felder hat, 64 Felder? Die Antwort ist leicht zu formulieren und das mit mathematischer Sicherheit. Es gibt 64 Fakultät Möglichkeiten, d. h. man schreibt 64 mit Ausrufezeichen – also 64! – und das ist die Rechenregel: Nimm 64x63x62x61 usw. bis x2, dann hat man die Obergrenze aller Muster auf einem Schachbrett, wenn man die Felder mit schwarzen oder weißen Legosteinen belegt.
»Und wieviel ist das?«, fragte Holger sogleich. Ich antwortete: »Solltest du einmal ins Gefängnis kommen, für drei Jahre vielleicht, dann nimm dir zehn Rollen Tapete, 20 Bleistifte und einen Bleistiftspitzer mit. Und so klug wie du bist, wirst du es ausgerechnet haben, wenn du entlassen sein wirst«. Dann verstummte der Junge. Das war mittags. Abends klingelte bei mir das Telefon. Holger war am Apparat: »Du, ich habe die Zahl«. Ich fragte: »Welche Zahl?« – »64 Fakultät, der Papa hat es mit dem Computer ausgerechnet«. Ein 9jähriger belehrte mich dann: Die Zahl hat 90 Ziffern. »Nämlich: 126 886 und dann kommen 84 Nullen, genauer kann das der Computer vom Papa nicht.« Aber das verändert die Zahl auch nicht mehr erheblich. 90 Ziffern, eine Riesenzahl. Da versagt unsere Alltagssprache. Diese Zahl enthält die Obergrenze aller »Muster« auf einem Schachbrett. Mehr *Muster,*

mehr *Strukturen* gibt es nicht; das kann man mit Sicherheit sagen.
Aber man kann noch etwas mit Sicherheit sagen. Wenn jemand ein ganz *bestimmtes* Muster mit Plastiksteinen von Lego auf ein Schachbrett legt, ein ganz bestimmtes aus dieser Riesenzahl, und ein anderer geht hin, ehe man es photographiert hat, und bringt alles durcheinander, dann kann man dieses Muster wieder finden und zwar mit mathematischer Stringenz, mit absoluter Sicherheit. Das ist zwar ungeheuer viel Arbeit. Ähnlich wie der Mann, der gewettet hatte, er könne aus einem Heuhaufen eine Stecknadel finden. Er fand sie. Er hob Halm für Halm weg, bis schließlich die Nadel übrigblieb. Das ist sicher eine ungeheuere Arbeit. Wir können auch heute nicht beschreiben, wie diese Mustersuche sinnvoll gelöst werden kann. Aber im Wahrscheinlichkeitsfeld aller möglichen Muster, Strukturen, und jetzt sollten wir einmal sagen »Schachspiel-animae«, läßt sich dieses unverwechselbare Muster mit Sicherheit finden. Allerdings geht es nur um ein sehr einfaches »Muster«. Aber wir können den Gedanken weiterführen. Nehmen wir einmal an, wir hätten statt nur 64 Felder 10 000 schwarze und 10 000 weiße Steine. Und jemand von uns, der als Künstler begabt ist, den würden wir bitten, lege mit diesen Steinen ein besonders schönes Mosaik von John F. Kennedy oder Johannes XXIII. auf dem Fußballplatz von Jahn Regensburg. Aus dem Hubschrauber, in dem sich eine Vorlage befindet, kommen über Funk die Anweisungen. Mitarbeiter legen soviel weiße, soviel schwarze Steine. Reihe für Reihe entsteht ein Mosaikbild. Was ist das Besondere, wenn man nachher sagt: »O ja, das ist er, ja – Johannes XXIII., der gute Papst«? Es wurde ein ganz bestimmtes Muster gelegt. Und dieses Muster *übersteigt* die Legosteine qualitativ und prinzipiell. Denn, wenn wir 10 000 schwarze Legosteine auf einen LKW füllen und 10 000 weiße auf einen anderen, dann haben wir zwar die *Materie* dieser Steine allemal. Trotzdem fehlt das unverwechselbare Muster, die Abfolge, die Reihenfolge, der Wechsel von schwarz und weiß, die Information. Und das ist *mehr* als bloß *Materie*.
Wenn nun einer vom Hubschrauber aus dieses wunderbare Papst-Portrait gelegt hat, wie nennt man das in der *alten* Sprache, was ist

geschehen? Es wurde ein Bild, wenn auch *nur* ein Bild, geschaffen. Es wurde quasi »gezeugt«. Und dann kommen böse Buben und bringen alles durcheinander. Was ist passiert? Die *Materie* ist unverändert, die Steine liegen noch da, nur in einer *anderen Reihenfolge.* Was ist passiert? Es ist das Bild – in alter Sprache ausgedrückt – »gestorben«. Und wenn nun der Künstler aus dem Hubschrauber sagt: Ich hab es ja photographiert und lege es am nächsten Morgen wieder richtig, dann ist das Bild wieder da, dann ist es »wie auferstanden«. Wenn er es aber *nicht photographiert* hat, wenn keiner die »Struktur« mehr kennt, so ist sie doch in »20 000 Fakultät« unverlierbar enthalten, denn: Strukturen, Muster, animae sind – prinzipiell – unvernichtbar! Da kann man noch so atheistisch sein, noch so links, noch so grün oder noch so desinteressiert, das Muster ist darin *unverlierbar* enthalten. *Wie* man es finden kann, wird man heute kaum treffsicher beantworten können; aber »daß« man es finden kann, wird kein Wissenschaftler bezweifeln können. Man wird kaum alle Möglichkeiten durchspielen können, aber vielleicht gibt es dafür eines Tages Hilfen, die wir heute noch nicht beschreiben können. Aber Tatsache ist: Wir haben ein Gleichnis – nicht mehr – für die Unvernichtbarkeit von Strukturen gefunden.
Doch nehmen wir dieses Schwarz-Weiß-Mosaik vom Fußballplatz und »legen« es mit Hilfe einer Braunschen Bildröhre, also unserer Fernsehröhre. Der Lichtstrahl im Schwarzweißgerät kann elektronisch helle und dunkle Punkte erzeugen, gleichsam »Legosteine«. Dunkle braucht er nicht eigens zu erzeugen, da ist der Strahl nur abgeschaltet. Und dann huscht er Zeile für Zeile über den Bildschirm. Wir wissen, unsere Geräte haben 625 Zeilen mit 854 Punkten. Das ist eine große Zahl: 533 750. Aber in einer Sekunde läuft der elektronische Strahl 25mal über den Bildschirm. Das entspricht einer Anzahl von über 13 Millionen »elektrischer Legosteine«. Das scheint »nur« eine Mengensteigerung zu sein. Aber es passiert auch etwas grundsätzlich Neues, ein Qualitätssprung: ein bewegtes Bild. Denn, schicken wir verschiedene Bildmuster schnell hintereinander über den Bildschirm, so haben wir einen bewegten Schwarzweißfilm. Die Steigerung einer *wohlstrukturierten* Menge führt zu einer *höheren* Dimension!

Und nun nehmen wir wiederum eine Multiplikation zur Hilfe. Das, was in der Bildröhre passiert, nehmen wir mit Hilfe der Technik mit »3 mal«, wenn man so will, doch etwas Simples. Wir machen aus dem *einen* Punkt, der hell ist oder dunkel, die *drei Grundfarben*. Dann programmieren wir so, daß jeweils die richtige der drei Grundfarben zur richtigen Zeit über den Bildschirm »läuft«. Dann haben wir zwar »nur« eine Menge gesteigert und haben trotzdem ein Farbbild, eine neue Qualität. *Mengen* und *Qualitäten* stehen offensichtlich in einem tiefen Zusammenhang, den der Schöpfer sieht und will. Nur uns fehlt der Durchblick, alle diese Phänomene unter eine Betrachtung zu nehmen. Wenn man nun diesen Grundgedanken aufgreift, dann stellt man fest, daß uns heute ja ganz großartige Dinge als Gleichnis zur Verfügung stehen. So wie Sauerteig nicht das Himmelreich ist, aber ein guter Vergleich dafür, so könnte man Videorekorder, die Filme von Verstorbenen zeigen, als »Bildauferstehungsgeräte« bezeichnen.

Als meine Mutter vor 3½ Jahren starb, hatte sie sich 14 Monate darauf vorbereiten können. In dieser Zeit hat sie für alle ihre Lieben Tonbänder besprochen. Wenn ich heute meine Tonbandkassette in den Rekorder lege, dann höre ich die klare Stimme meiner inzwischen verstorbenen Mutter. Ja, was ist das? Ist das nicht eine »Stimme«? Sicher, das ist nur etwas Gleichnishaftes. Das ist nicht all das, was wir hoffen. Nicht, daß es einer falsch versteht. Aber es ist doch etwas Wunderbares darin, etwas, das wir mit Staunen und Dankbarkeit aus der dinghaften, physikalischen Welt Gottes – und des Menschen – aufnehmen: eine »Stimmauferstehungsmaschine«. Selbst jedes Telefon erfüllt technisch die Bedingungen dieses Gleichnisses; nur wir Theologen haben es noch gar nicht bemerkt! Wie wollen wir da die Wunder Gottes *heute* verkünden?

Neulich passierte mir etwas, das vielleicht auch ein Gleichnis sein könnte: Im Einstellplatz meiner Tiefgarage, wo zwei Autos übereinander parken, muß ich, um den Wagen nicht zu gefährden, auf der Beifahrerseite aussteigen und begebe mich damit in die Gefahr, den Wagen von innen zu verriegeln und möglicherweise den Schlüssel drinnen zu lassen. Was mir in 30jähriger Fahrpraxis nicht einmal passiert war, wurde Wirklichkeit. Ich hatte nämlich irrtümlicherweise den falschen Schlüssel in der Hand, als ich den Wagen verriegelte. Ich hatte mich ausgeschlossen. Der richtige Schlüssel war drinnen. Doch der Regensburger Schlüsseldienst wollte mir helfen, wenn ich die Nummer des Schlüssels aus dem Kaufvertrag wüßte. Der aber lag in Leverkusen. Per Telefon bat ich meinen Vater in den Kaufakten nachzusehen. Zehn Minuten später wußte ich die Nummer: Zwei Buchstaben und dann acht Ziffern. Eine »Nummer«, eine »Struktur«, ein »Muster«, eine »anima structuralis«. Eine simple, ganz simple »anima«. Der Schlüsseldienst übertrug sie auf einen entsprechenden Rohling. Für 19,80 DM war der Schlüssel da. Er schloß sofort. Und da hat es mich durchzuckt: ein Gleichnis Gottes mehr. Mit Hilfe von Telefonen wurden Nummern zu Schlüsseln, die schlossen. Das ist ein Gleichnis für eine ganz simple, der unbelebten Natur innewohnende Form von animae-Transport, wenn man so will – gleichnisartig – ein »Auferstehungsschlüssel«.

Sicher, das sind *keine* Beweise, das sind *keine* 1:1 Abbildungen des Problems, das löst nicht alles. Aber lassen wir zwei Autoren von Rang und Namen sprechen, um zu hören, was Leute sagen, die *keine* Theologen sind. Denn sie formulieren die Fragen und auch mögliche Antworten. Der Sohn eines amerikanischen Nobelpreisträgers, Douglas R. Hofstadter, er hat postgraduiert in Regensburg studiert, ist Autor mehrerer Bestseller. »Einsicht ins Ich« ist der jüngste, den er mit vielen anderen zusammen herausgibt. Hofstadter beschreibt am Anfang eine Szene, die nicht theologisch gemeint ist, die hier auch nicht zur Theologie erhoben werden soll, die aber vielleicht so etwas sein könnte wie »Sauerteig« in Hinblick auf das viel Größere, das uns ja verheißen ist. Er schildert folgende Szene: Da ist – in der Zukunft – eine Rakete auf dem Mars per Unglück manövrierunfähig und die Astronautin hat nur noch eine Hoffnung, heil zur Erde zurückzukommen. Sie will den »Teleklon Typ 4« einsetzen. Sie studiert die Gebrauchsanweisung, schaltet dann das Gerät ein, betritt eine Kabine, in der wird ihr Körper analysiert, zerlegt, ganz rasch und schmerzlos, und dann wird die Information ihrer Körperstruktur zur Erde gestrahlt, wo ein Empfänger, der mit den nötigen Atomen wohl versehen ist, fast im selben Augenblick das produziert, was den eingestrahlten Angaben entspricht – sie selbst – die Astronautin. »Mit Lichtgeschwindigkeit zurück zur Erde fällst du deinen Lieben in die Arme, die wenig später in atemloser Spannung den Erzählungen von deinen Marsabenteuern lauschen.«[2] Das ist Gleichnismaterial der Industriekultur, das ist aufzuarbeiten. Das kann nicht ein einzelner Vortrag leisten.

Aber hören wir noch eine Szene aus einem anderen amerikanischen Buch: »Worlds in the making« von Maryjane Dunstan und Patricia W. Garlan[3] – eine Sammlung von brillanten Gegenwartsproblemen. Da heißt es auf Seite 285: »Ein Mensch ist, wie jeder andere Gegenstand, genau definiert durch seine Struktur (anima), sein Muster. Das Muster eines Menschen ist ungeheuer kompliziert. Doch war die Natur durchaus in der Lage, dieses komplizierte Muster in eine kleine Zelle zu packen, zu klein für das Auge, um gesehen zu werden. Was aber die Natur tun kann, kann der Mensch auch tun – in seiner Weise. Wir wissen nicht, wieviel Zeit die Natur dafür gebraucht hat, 1 Million Jahre möglicherweise. Aber was ist das schon! Schließlich werden unsere Nachfahren lernen, diese Information, die jedes einzelne menschliche Wesen definiert, zu analysieren und aufzubewahren, und diese Information zu gebrauchen, um das Original wieder herzustellen.« Sicher, das sind keine Sätze aus dem Erwachsenen-Katechismus. Aber das sind die Fragen, in deren Horizont eines Tages geantwortet werden muß. Heute wird dazu wohl noch niemand imstande sein, denn unser Buch datiert diese Szene auf »eine Milliarde Jahre von heute«. Eine »1« mit neun Nullen: 1000 Millionen Jahre! Die Erde ist etwa 4½ Milliarden Jahre alt, das Weltall wahrscheinlich 18. Ein Ausblick der Hoffnung gegen allen kurzatmigen Pessimismus.

Sicher, wir können heute die Zukunft nicht vorwegnehmen. Erst recht können wir nicht theologisch die Konsequenzen absehen. Aber deutlich wird bereits heute, daß es keineswegs *dem Wissen widersprechen* muß, zu hoffen, daß der Tod nicht das letzte Wort hat. Wir brauchen keine Humangenetiker zu sein, keine Informationstheoretiker, keine Biokybernetiker, denn wir sind als Christen von der Frohen Botschaft Gottes her motiviert, unser Ja zu sagen: Das, was im Glaubensbekenntnis steht, ist kein leerer Wahn! Heute können wir nur in Gleichnissen und Schattenrissen reden, denken, staunen, stammeln. Als Christen aber erwarten wir voll Zuversicht »die Auferstehung der Toten und das Leben der kommenden Welt«.

Anmerkungen

1 *Steffi Graf*, in: HÖR ZU, Heft 38, 19.–25. September 1987, S. 33.
2 Vgl. *Douglas R. Hofstadter, Daniel C. Dennett:* Einsicht ins Ich. Fantasien und Reflexionen über Selbst und Seele, New York 1981, S. 11.
3 Vgl. *Maryjane Dunstan, Patricia W. Garlan* (Hrsg.): Worlds in the making, Englewood Cliffs, New Jersey, USA 1970.

15 Heimat als Zukunft Gottes

»Heimat« – mit diesem Wort beschließt Ernst Bloch sein dreibändiges Werk »Das Prinzip Hoffnung« wie in einem Brennglas. Er sagt: »So entsteht in der Welt etwas, das allen in die Kindheit scheint und worin noch niemand war: Heimat«.
Als eine schwerkranke Wiesdorferin – von den Ärzten aufgegeben – aus einer Klinik jenseits der Stadtgrenze zurückkommt und erschöpft ihr vertrautes Wohnhaus betritt, sagt sie wie erlöst nur ein einziges Wort: »Heimat«.
Für die Bibel wird »Heimat« zum Gleichnis der Erfüllung aller Hoffnung und Sehnsucht des Menschen. Heimat schenkt sich ihm einst als Geborgenheit in einer vollendeten Welt; »Himmel« ist dafür nur ein anderes Wort. Ja, selbst die Auferstehung wird in der Verheißung Gottes zum bloßen Vorfeld der Rückkehr in die *Heimat:* »Ich öffne eure Gräber ... und bringe euch *heim* in das Land Israel« (Ez 37, 12).
»Heimat« bedeutet also weit mehr als nur ein »Trachtenverein in Edelweißstimmung« oder – im Bereich der Tiere – das ungestüme Zurückschwimmen der Lachse zu den Revieren ihrer Herkunft. Der Mensch gewinnt Schwung und Reife seines Lebens ja keineswegs losgelöst von den Straßen und Plätzen, Flüssen und Bergen, Häusern und Hallen, wo er seinen Mitmenschen begegnet. All das wird ja »Teil« seines Lebens. Deshalb überschreitet Papst Paul VI. keineswegs die Grenzen seiner Zuständigkeit, wenn er – geradezu in der Sprache einer Bürgerinitiative – fordert: »Dringend notwendig muß der soziale Zusammenhang ... im Bereich der Straße, des Wohnviertels, der Gemeinde wiederhergestellt werden, wo der Mensch finden kann, was er braucht, um seine Persönlichkeit entfalten zu können« (OA, Ziff. 11).

Der Mensch, der so die Entfaltung seiner Persönlichkeit zum Ziel seines Lebens macht, wird dann aber auch genau jene Fragen stellen, mit denen Ernst Bloch sein genanntes Werk beginnt. »Wer sind wir? Wo kommen wir her? Wohin gehen wir?« Doch nicht nur der einzelne wird so fragen müssen, sondern auch die Bürgerschaft einer Stadt, die Christen einer Gemeinde, die Mitarbeiter eines Werkes, die Bevölkerung eines Landes, selbstverständlich auch – und zwar erst recht – die jeweiligen Amtsträger. Ohne das Woher gibt es kein Wohin, ohne den Ursprung kein Ziel, ohne Heimat keinen Himmel.

So grundsätzlich diese Gedanken auch sind, so müssen sie doch, um für jeden einzelnen bedeutsam zu sein, in *seiner* Heimat lebendig werden.

KATHOLISCHE NACHRICHTEN AGENTUR **KNA**

Bonn · Rom · Berlin · München · Frankfurt · Freiburg · Hamburg · Münster · Stuttgart · Wiesbaden

AKTUELLER DIENST INLAND Nr. 144 / Freitag, 25. Juni 1982

Katholischer Sozialwissenschaftler empfiehlt 36-Stunden-Woche

Bonn, 24. Juni (KNA) Eine Arbeitszeitverkürzung auf eine "schwingende 36-Stunden-Woche" zur Bekämpfung der Arbeitslosigkeit hat der Theologe Dr. Lothar Schneider in Bonn empfohlen. In einer Vorlesung anläßlich seiner Habilitation im Fach Christliche Gesellschaftslehre und Pastoralsoziologie meinte Schneider am Mittwoch, 23. Juni, die derzeitige Arbeitslosenzahl sei die denkbar teuerste und schlechteste Form der Arbeitszeitverkürzung. Sein Vorschlag: In Zukunft an vier Tagen der Woche jeweils neun Stunden arbeiten. Das würde vor allem auch die Zeiten, den Arbeitsplatz zu erreichen, verringern und damit Kosten sparen und die Umwelt schonen. Der 9-Stunden-Tag würde zudem die Produktion besser auslasten. Schneider räumte ein, daß eine solche Umstrukturierung der deutschen Wirtschaft zur Zeit noch eine Zumutung bedeute, aber in der Diskussion um die Bekämpfung der Arbeitslosigkeit berücksichtigt werden müßte. (KNA - 330/VI/82)

Kirchenzeitung für das Erzbistum Köln
G 4172 C
2. Juli 1982 27

Katholischer Sozialwissenschaftler empfiehlt 36-Stunden-Woche

BONN. Eine Arbeitszeitverkürzung auf eine „schwingende 36-Stunden-Woche" zur Bekämpfung der Arbeitslosigkeit hat der Theologe Lothar Schneider in Bonn empfohlen. In einer Antrittsvorlesung im Fach Christliche Gesellschaftslehre meinte Schneider, die derzeitige Arbeitslosenzahl sei die denkbar teuerste und schlechteste Form der Arbeitszeitverkürzung. Sein Vorschlag: In Zukunft an vier Tagen der Woche jeweils neun Stunden arbeiten. Das würde die Produktion besser auslasten.

Leverkusener Anzeiger
KÖLNER STADT-ANZEIGER G 4512 A

Kölner Stadt-Anzeiger – Nr. 156 / LE. WU 12 Freitag, 9. Juli 1982

Ein Plädoyer für die 36-Stunden-Woche

Nur noch vier Tage arbeiten

Dr. Lothar Schneider zeigt Alternative auf

Von unserem Redakteur
Winfried Gipp

Zur Bekämpfung der Arbeitslosigkeit hat der Leverkusener Theologe Dr. Lothar Schneinder eine Arbeitszeitverkürzung auf eine „schwingende 36-Stunden-Woche" in Bonn vorgeschlagen. In einem vielbeachteten Vortrag, den er anläßlich seiner Habilitation im Fach Christliche Gesellschaftslehre und Pastoralsoziologie hielt, erklarte Schneider, in der derzeitigen Erwerbslosenzahl offenbare sich die denkbar teuerste und schlechteste Form der Arbeitszeitverkürzung; auf Dauer steuere man mit ihr in den sicheren volkswirtschaftlichen Ruin.

Die Thesen des angehenden Professors, der „nebenbei" Kaplan in der Wiesdorfer Antoniusgemeinde ist, laufen auf den Vorschlag hinaus, künftig an vier Tagen in der Woche jeweils neun Stunden zu arbeiten. Bei den meisten bisherigen Modellen der Arbeitszeitverkürzung wurden immer nur Stundenzahlen propagiert, die sich glatt durch fünf teilen lassen – eben weil sie auf die Fünf-Tage-Woche zugeschnitten sind. Schneider siebt in seinem Modell Vorteile sowohl für die Arbeitnehmer als auch für die Arbeitgeber.

Der Theologe: Die von ihm vorgeschlagene Form der Arbeitszeitverkürzung entspreche exakt jenem Wunsch, den bei einer Umfrage der größere Teil der Arbeitnehmer geäußert hätte – nämlich „lieber konzentriert zu arbeiten und dann mehrere Tage hintereinander frei zu haben". Auch wisse man, so Schneider, „daß durch konzentriertes Arbeiten – das gilt ja auch in der Wissenschaft – die Arbeitsqualität verbessert wird". Den Arbeitgebern bringe der Neun-Stunden-Tag unter anderem eine bessere Auslastung der Produktionsanlagen; die Vier-Tage-Woche gestatte ihnen zudem den Abbau von Schichtarbeit.

Schneiders Vier-Tage-Woche „schwingt" um den feststehenden freien Sonntag. Die einen arbeiten Montag bis Donnerstag, andere von Dienstag bis Freitag, wieder andere von Mittwoch bis Samstag. Folge: „Auf den Straßen reduziert sich die Zahl der gleichzeitig anwesenden Autos. Dadurch wird der Verkehr flüssiger, die Pendelzeiten verkürzen sich, die Emissionsbelastung wird niederiger." Schneider kann sich auch eine „Zwei-mal-zwei-Tage-Woche" vorstellen: Ein Teil der Beschäftigten geht montags und dienstags sowie freitags und samstags zur Arbeit. Der freie Sonntag bliebe dabei nach wie vor verbindlich.

Der Theologe hat ausgerechnet, daß auf diese Weise die Möglichkeit geschaffen wird, rund zwei Millionen Arbeitslose wieder einzustellen. Er schreibt seinem Modell darüber hinaus einen „hohen gesellschaftlichen Signalcharakter" zu: „Arbeitszeitverkürzung könnte so kaum – wie bei der 35-Stunden-Woche nur zu leicht möglich – als Komfort-Gratifikation mißverstanden werden. Im Gegenteil! Hier würde unmittelbar erfahrbar: Wer länger – pro Tag – arbeitet, der gewinnt einen neuen freien Tag für sich und die Seinen dazu." Schneider raumt ein, daß eine derartige Umstrukturierung der deutschen Wirtschaft im Augenblick noch nicht zuzumuten sei, in der Diskussion um die Bekämpfung der Arbeitslosigkeit aber unbedingt berücksichtigt werden müßte.

SOZIALER FORTSCHRITT

31. Jahrgang
Heft 10
Oktober
1982

Unabhängige Zeitschrift für Sozialpolitik

Herausgegeben von der Gesellschaft für Sozialen Fortschritt e. V., Bonn

Sozioökonomische und sozialethische Überlegungen zum Problem der Arbeitslosigkeit*

Von Dr. theol. Lothar Schneider, Leverkusen

Die meisten von uns kennen die scherzhafte Anknüpfung an die Geschichte von Odysseus und dem Polyphem. Als sich in einer Schulklasse die Frage stellt: Warum verfehlte denn der bösartige Riese mit dem geschleuderten Felsbrocken das Schiff des Odysseus, da wartete der Lehrer mit einer subtilen, wissenschaftlich höchst interessanten Antwort auf. Wie ihr ja wißt, erklärte er den Schülern, hatte der Polyphem nur ein Auge. Zum räumlichen Sehen aber braucht man derer zwei. Nur so hätte er die Entfernung richtig schätzen können. Kein Wunder also, daß er nicht traf. Da meldete sich ein Schüler und sagte: Aber dieses eine Auge hatte ihm Odysseus doch ausgebrannt. Da antwortete der Lehrer: Ja, das kommt noch hinzu.

Wie in dieser Szene erscheint nur zu oft die Diskussion um die Bekämpfung der Arbeitslosigkeit. Denn ohne Zweifel sind die Ursachen der hohen Arbeitslosigkeit vielgestaltig, und man wird an jede einzelne auch geistreiche Überlegungen und kluge Heilungsvorschläge anknüpfen können. Doch darf man über der Fülle der Einzelaspekte nicht die zentrale Ursache und die daran anzuknüpfende entscheidende Therapie übersehen: Unsere These hierzu lautet: Die herrschende strukturelle Arbeitslosigkeit ist primär innovationsinduziert, d. h. technische Neuerungen ermöglichen, wie es Oswald von Nell-Breuning ausdrückt, „daß das gleiche Sozialprodukt wie vorher hinfort mit entsprechend geringerem Aufwand an Arbeit oder in anderer sprachlicher Ausdrucksweise an einer kleineren Zahl von Arbeitsplätzen erstellt wird"[1]. Die „Abschwungspirale" dreht sich um diesen Angelpunkt! Was der Club of Rome[2] — weitgehend zurecht — als Gefahr für die Zukunft sieht, nämlich die Substitution menschlicher Arbeitskraft durch Mikroelektronik, das hat — allerdings auf einer allgemeineren Basis — in der jüngsten Vergangenheit bereits kräftig angehoben. Nur dürfte es selbst manchem Experten noch kaum aufgefallen sein. Wenigstens spiegeln die ins Feld geführten Argumente nur bei wenigen Autoren in etwa die hier als These vorgelegte Auffassung wider. Zwei seien davon genannt: Seinem ersten Lehrer, Franz Groner, verdankt der Verfasser hier eine wichtige Weichenstellung. In dessen Abschiedsvorlesung vom Dezember 1978 in Bonn vertrat Groner die mit umfangreichem statistischem Material belegte Auffassung, die Einführung der Fünf-Tage-Woche sei der große Arbeitsplatzbeschaffer der 60er Jahre gewesen. Sie habe sogar zu jenem Nachfrageüberhang geführt, der nur mit ausländischen Mitarbeitern befriedigt werden konnte. Ferner: Im November 1981 schrieb Oswald von Nell-Breuning in den „Stimmen der Zeit" einen bemerkenswerten Aufsatz zum Thema: „Steigende Arbeitsproduktivität — Segen oder Fluch?"[3]. Hier zeigt er auf, daß der „ständig steiler verlaufende Anstieg der Produktivität der Arbeit"[4] ohne eine Form kompensatorischer Arbeitszeitverkürzung nicht wird aufzufangen sein. Dem soll hier eindeutig zugestimmt werden.

Arbeitslosigkeit — die schlechteste Form der Arbeitszeitverkürzung

Inzwischen gewinnt auf dem Hintergrund der hohen Arbeitslosenzahlen die Frage immer breiteres Interesse: Arbeitszeitverkürzung — ja oder nein? Dann allerdings wird in der Regel sehr schnell Position bezogen — im Sinne von „‚To jump to conclusions'"[5] — ohne daß auch nur angemerkt würde, die Frage „Arbeitszeitverkürzung — ja oder nein?" sei so falsch gestellt. Unterstellt sie doch, es stünde uns z. Zt. frei, für oder gegen Arbeitszeitverkürzung zu votieren. Tatsächlich aber haben wir sie — volkswirtschaftlich gesehen — bereits in der Bundesrepublik. Denn, wenn jede Woche fast 2 Millionen[6] Menschen etwa 40 Stunden lang nicht arbeiten, dann sind das rd. 80 Millionen Wochenstunden erlittene Verringerung des Arbeitsvolumens in unserem Land. Das ist die Ausgangslage! Daß diese Binsenwahrheit eigens einer Betonung bedarf, wirft ein bezeichnendes Licht auf den Zustand der Diskussion! Bei einem analytisch ungetrübten Verhältnis zur Faktenlage heißt unsere Frage überhaupt nicht: „Arbeitszeitverkürzung — ja oder nein?", sie heißt nicht einmal: „Könnten wir sie bezahlen — ja oder nein?"[7], sie heißt vielmehr: In welcher Form organisiert unsere Volkswirtschaft die tatsächlich bereits vorhandene und auch finanzierte Arbeits-

*) Bonner Antrittsvorlesung in der Katholisch-Theologischen Fakultät für das Fach „Christliche Gesellschaftslehre und Pastoralsoziologie" am 23. Juni 1982.

[1] Nell-Breuning, Oswald von: Über das Lohnarbeitsverhältnis hinaus?, in: Hanau, Peter u. a.: (Hrsg.): Festschrift für Wilhelm Herschel zum 85. Geburtstag, München 1982, S. 303 - 319, hier S. 316.

[2] Friedrichs, Günter; Schaff, Adam (Hrsg.): Auf Gedeih und Verderb, Mikroelektronik und Gesellschaft, Wien, München, Zürich 1982.

[3] Ders.: in: Stimmen der Zeit, Jg. 199, Heft 11 (1981), S. 736 - 750.

[4] Ebenda, S. 736.

[5] Schulz, Günter: Einleitung und Optimierung kreativer Denkprozesse, in: Deutscher Verband für Schweißtechnik (DVS) Nr. 54, (1979), S. 1 - 16, hier S. 8 f.

[6] Die Kurzarbeiter dürfen ja nicht vergessen werden.

[7] Dies unterstellt ja nur die irrige Annahme, wir wären zur Zeit mit einer solchen Finanzierung nicht belastet.

Mittwoch, 10. November 1982

Leverkusener Rundschau

Kaplan macht Vorschläge für ein Ende der Arbeitslosigkeit:

Nur 4-Tage-Woche mit 36 Stunden Arbeit

Privatdozent Dr. Lothar Schneider hielt seine Antrittsvorlesung

VON HANS MAI

Die Kurzarbeit nimmt zu, die Arbeitslosigkeit klettert. Alle warten auf die Wende. 36 Stunden Arbeit – für alle – nicht an fünf, nein an vier Tagen in der Woche. Das ist machbar, bezahlbar und allemal billiger als 2 Millionen Arbeitslose. So verheißt es der Wiesdorfer Kaplan Diplom-Volkswirt Dr. theol. Lothar Schneider, Privatdozent an der Katholisch-Theologischen Fakultät Bonn, in seiner Antrittsvorlesung.

Ganz schön, aber alter Gewerkschaftsaufguß, werden die einen, das würde uns restlos zugrunde wirtschaften, die anderen einwenden. Der frischgebackene Privatdozent für das Fach Christliche Gesellschaftslehre und Pastoralsoziologie sieht das anders. Arbeitslosigkeit ist für ihn nichts anderes als verkürzte Arbeitszeit.

Besser organisieren

Wenn jede Woche zwei Millionen Menschen etwa 40 Stunden lang nicht arbeiten, dann sind das 80 Millionen Wochenstunden „erlittene Verringerung des Arbeitsvolumens", erklärt der Theologe. Und dies ist für Schneider die „Ausgangslage".

Für den Dozenten heißt daher die Frage überhaupt nicht, ob die Arbeitszeit verkürzt werden soll und ob sie bezahlt werden kann. Vielmehr lautet die Fra- heißt durch neue Erfindungen bedingt. Der Unternehmer will die Produktionskosten senken, um wettbewerbsfähig zu sein und Arbeitsplätze zu erhalten. Dabei verfällt der Unternehmer auf eine arbeitsparende Maschine, schult einen Arbeitnehmer zur Bedienung der Apparatur um, entläßt 9, gibt aber 3 im Maschinenbau Arbeit. 7 Arbeitslose, 3 Beschäftigte – für Schneider unmöglich.

Ärger noch, was die 7 Leute nun tun. Sie fallen als Nachfrager und Konsument aus, konzentrieren ihr Nachfrage auf Waren niederen Niveaus und sparen im übrigen wie andere Bürger, die die Entwicklung alarmiert hat und die nun vorsichtshalber einen Notgroschen anlegen. Auf breiter Front läßt die Nachfrage nach; der Unternehmer bekommt Schwierigkeiten und begegnet ihr mit der Anschaffung einer weiteren Maschine. Schneider: Die in Gang gebrachte Abschwungspirale dreht sich immer schneller. Der monatliche Arbeitsmarktbericht scheint dies zu bestätigen

„Wer ein angemessenes Niveau an Erweiterungs- und Rationalisierungsinvestitionen will und zugleich die Kapazitäten voll auslasten möchte, der kommt ohne kompensatorische Arbeitszeitverkürzung nicht aus", zitiert Kaplan Schneider. Die denkbar schlechteste Form rer Produktivität, erklärt der Dozent mit Blick auf einschlägige Untersuchungen. Sogar die teure Schichtarbeit läßt sich in einem gewissen Umfang freitags und samstags abbauen, sagt Schneider.

In seinem Modell teilen sich Spät- und Nachtschicht die verbleibenden 15 Stunden tägliche Arbeitszeit, und sie „schwingt" um den Sonntag Das sieht dann so aus: Die einer arbeiten von Montag bis Donnerstag, andere von Dienstag bis Freitag, wieder andere vor Mittwoch bis Samstag. Schnei der: „Hierbei kommen der Mi kroelektronik betriebliche Lei tungsaufgaben zu."

Die Wirkungen sind fü Schneider eindeutig: Entlastung der Hauptverkehrszeiten, flüssigerer Verkehr, Umweltentlastung, Verbesserung, von Nachfrage und Angebot im Dienstleistungsbereich.

Arbeit für 2 Millionen

Restaurants, Wirtschaften, Ausflugslokale bis hin zum Einzelhandel werden eine „Verstetigung" erfahren, prophezeit Schneider. Letztere Tendenz könnte dadurch verstärkt werden, daß ein Teil der Beschäftigten die 2 × 2-Tagewoche wählt. Hier arbeitet man „zwecks Verstetigung der Kapazitätsauslastung" montags und dienstags sowie freitags und samstags. [illegible]

Ruhr-Nachrichten

Dortmunder Zeitung

Samstag, 12. März 1983 – Nr. 60 – 10. Woche

Theologe schlägt vier-Tage-Woche vor

Dortmund. (EM) Eine „schwingende vier-Tage-Woche" mit täglich neun Stunden Arbeitszeit schlägt der Theologe und Volkswirtschaftler Schneider vor, um die Probleme der Arbeitslosigkeit und gleichzeitig steigender Produktivität zu lösen. Schneider stellte seine Thesen am Freitag auf einer Tagung des Bundes katholischer Unternehmer in der Katholischen Akademie in Schwerte vor. Nach seiner Ansicht käme die vier Tage Woche dem Wunsch einer Mehrheit von Arbeitnehmern entgegen, lieber konzentriert zu arbeiten und dann mehrere Tage hintereinander frei zu haben.

Westfälische Nachrichten, 24.März 1983

Neues Modell ‚Schwingende 36-Stunden-Woche'

Mehr Arbeit durch 9-Stunden-Tag? / IVS-Gesprächsrunde Kirche–Wirtschaft über Arbeitsverteilung

Kreis Steinfurt (-md-). Das große Nebenzimmer im Neuenkirchener Schützenhof war bis auf den letzten Platz gefüllt. Ein brennendes Gegenwartsproblem und der bis zur letzten Sekunde für Spannung sorgende Referent fesselten die Teilnehmer noch lange über die eigentlich angesetzte Zeit hinaus.

Soweit die äußere Szenenbeschreibung von der jüngsten Gesprächsrunde Kirche – Wirtschaft des Industrievereins Steinfurt (IVS). Kaplan Dr. Lothar Schneider, Privatdozent an der Universität Bonn, hatte es übernommen, in das Thema „Wie mehr Arbeit für alle" einzuführen.

Wer einen trockenen Gelehrtenvortrag des Lehrers der christlichen Sozialwissenschaft und offensichtlich aktiven Seelsorgers erwartete, sah sich angenehm enttäuscht. Mit Brillanz, Eindringlichkeit und teilweise auch verhaltenprovokativer Würze brachte Schneider sein Publikum zu einer außerordentlich lebendigen und eingehenden Erörterung der gestellten Sachfragen. Und engagiert disktierten schließlich alle miteinander, die Unternehmer des Industrievereins, Seelsorger beider Konfessionen, darunter Kreisdechant Alfers sowie Superintendent Dr. Wilkens vom Kirchenkreis Tecklenburg, und Mitglieder der katholischen Verbände.

Mit anschaulichen Erläuterungen begründete Schneider zunächst seine Eingangsthese, daß es mehr Arbeit für alle nur bei einer sinnvolleren Verteilung der Arbeit geben könne. Mit Wachstum alleine sei das brennende Problem der Arbeitslosigkeit nicht zu lösen. Arbeitslosigkeit könne als Instrument notwendiger Arbeitszeitverkürzung das Problem niemals lösen. Denn, so Schneider wörtlich: „Schlimmer, wie wir's haben, geht's überhaupt nicht. Diese Form ist indiskutabel schlecht!" Zudem rühre auch die Schuldenlast der öffentlichen Hände zum guten Teil daher, „diese teuerste Form der Arbeitszeitverkürzung durch staatliche Nachfrageprogramme zu kompensieren zu helfen."

Die akute Arbeitslosigkeit bezeichnete Lothar Schneider als „in ihrem Kern innovationsinduziert". Die Bejahung der Innovation, also die Nutzung technologischer Möglichkeiten zur Rationalisierung, sei eine wichtige Unternehmereigenschaft, denn nur, wer äußerst kostengünstig produziere, könne auf dem Markt konkurrieren und damit zugleich die Arbeitsplätze seiner Firma sichern. Zunehmend mehr Maschinen würden nach Kosten wie Produktivität dem Menschen überlegen und deshalb für die Unternehmen interessant, zeitigten aber als einen entscheidenden Nachteil, daß durch Rationalisierungsinvestitionen arbeitslos gewordene Menschen und die indirekt davon Mitbetroffenen sich ein verändertes Konsum- und Sparverhalten zulegten. Insbesondere das sogenannte Angstsparen („Butter stagniert, Margarine zieht an") sei volkswirtschaftlich bedenklich. Ein von den privaten Haushalten 1981 neu auf die „hohe Kante" gelegter Betrag von 163 Milliarden DM zeige unter anderem, „daß diese Sparsamkeit der Verbraucher vom Übel für die Erträge der Unternehmen ist." Auch unter diesem Aspekt erweise sich eine neue Form der Arbeitsverteilung als zwingend erforderlich.

Die derzeit verstärkt geforderte Verkürzung der Lebensarbeitszeit wertete Schneider in diesem Zusammenhang als einen wenig erfolgversprechenden Lösungsansatz, zumal es auch ethisch bedenklich sei, arbeitswillige Mitmenschen zum sprichwörtlichen alten Eisen zu machen. An den anderen in der aktuellen Diskussion stehenden Vorschlägen zu einer breiteren Arbeitsverteilung durch Arbeitszeitverkürzung kritisierte der Referent vor allem die seines Erachtens mangelnde Effektivität durch die ausschließliche Festlegung auf die Fünf-Tage-Woche. Das von ihm entwickelte Modell einer „Schwingenden 36-Stunden-Woche" eröffne eher Möglichkeiten, mehr Arbeit für alle bei günstigen Produktionskosten anzubieten.

Zunächst verblüffte die Teilnehmer, daß Schneider dabei zwei Tabus der geltenden Arbeitszeitordnungen verletzte: Zum einen schlug er vor, die bisherige Tagesarbeitszeit von acht auf neun Stunden zu erhöhen, zum anderen solle auch der Samstag wieder als regulärer Arbeitstag gelten. Allerdings legte sich im Fortgang der Erläuterung das Erstaunen der Gesprächsteilnehmer bald zugunsten ansatzweiser Zustimmung.

● Bei einer Realisierung seines Modells, so Lothar Schneider, entfiele auf den einzelnen Arbeitnehmer im Endeffekt eine Vier-Tage-Woche. Unterstelle man, daß im Mittel der zeitliche Aufwand für den Hin- und Rückweg zum Arbeitsplatz etwas mehr als eine Stunde betrage, bringe der Fortfall des fünften Arbeitstages den Arbeitnehmern auch gegenüber der 35-Stunden-Woche ein beachtliches Mehr an Freizeit.

● Auch Unternehmensinteressen würden bei diesem Modell nicht verletzt. Ein Neun-Stunden-Tag laste die Produktionsanlagen besser aus. Auch für die Schichtarbeit sah Schneider „humanisierende" Effekte. Ließe man zudem diese Vier-Tage-Woche um den arbeitsfreien Sonntag „schwingen", könne sie das Unternehmen zum Abbau zusätzlicher Schichtarbeit am Wochenende einsetzen.

● In der Praxis verlange dann das Modell, daß eine Gruppe der Arbeitnehmer eines Betriebes von Montag bis Donnerstag, eine andere von Dienstag bis Freitag, eine weitere von Mittwoch bis Samstag und möglicherweise wieder eine andere montags, dienstags, donnerstags und samstags arbeite.

● Dies bringe der Allgemeinheit, abgesehen von einem Mehr an Freizeit, noch weitere Vorteile: Auf den Straßen reduziere sich beispielsweise die gleichzeitig fahrende Zahl der Autos, der Verkehr werde flüssiger und die Umweltbelastung geringer. Auch für den Handel, das Dienstleistungsgewerbe und die Gastronomie ergäben sich Verbesserungen. Familiäre Wünsche wie Bedürfnisse würden besser erfüllbar. Und schließlich eröffnet nach Schneider diese Form der Arbeitszeitverkürzung rein rechnerisch die Möglichkeit, rund zwei Millionen Arbeitslose wieder einzustellen.

In der auf allen Seiten engagierten und lebhaften Diskussion wurden natürlich auch Zweifel an diesem „Schneider-Modell" angemeldet. Manches erschien einigen Teilnehmern zu pauschal, vieles erwies sich als modifikationsbedürftig. Insgesamt aber herrschte Einigkeit darüber, daß dieser Vorschlag des jungen Bonner Hochschullehrers und Seelsorgers durchaus Ansätze und Chancen beinhaltet, die ein ernsthafteres Einbeziehen in die aktuelle Diskussion rechtfertigen. Insofern konnte diese Gesprächsrunde Kirche – Wirtschaft des Industrievereins Steinfurt vielleicht einen kleinen Beitrag auf dem Wege zur Lösung des Arbeitslosenproblems leisten.

Regensburger Bistumsblatt

Kirchenzeitung für die Diözese Regensburg 21 / 20. Mai 1984 / 53. Jg. R 5819 C

Seite 4 · Nr. 21 **Das Interview** 20. Mai 1984

„Die 40-Stunden-Woche ist nicht in der Schöpfungsordnung grundgelegt“

Arbeitszeitverkürzung kann einen Ausweg aus der Sackgasse ermöglichen

Gespräch mit Prof. Dr. Lothar Schneider, Lehrstuhl für Christliche Sozialwissenschaft an der Universität Regensburg

Der Begriff „Arbeitszeitverkürzung“ ist in der politischen Auseinandersetzung zu einem Reizwort geworden. Der Professor für Christliche Sozialwissenschaft an der Universität Regensburg, Dr. Lothar Schneider, vertritt die Meinung, daß eine Verkürzung der Wochenarbeitszeit jenen wieder Arbeit geben kann, die derzeit mit einer Arbeitszeitverkürzung von wöchentlich 40 Stunden, den Arbeitslosen also, betroffen sind, die also zu einer Null-Stunden-Woche verurteilt sind. Er begründet dies unter anderem mit dem Grundsatz der katholischen Soziallehre, daß nicht gegen das Gemeinwohl verstoßen werden darf, vielmehr die Solidarität aller die Probleme dieser Größenordnung lösen muß. Das Interview hat folgenden Wortlaut:

Frage: Arbeitszeitverkürzung ist zu einem Reizwort geworden. Was macht diesen Begriff Ihrer Ansicht nach so aufreizend, was so reizend?

Schneider: Wenn wir davon ausgehen, daß Arbeitszeitverkürzung heute das große Schlagwort ist, dann wahrscheinlich deshalb, weil die einzelnen, die dieses Wort benutzen, sich je etwas anderes darunter vorstellen.“ Zunächst einmal kann man in den Zeitungen und auch in den Funk-Medien folgende Frage hören: „Arbeitszeitverkürzung – ja oder nein?“ Ich meine, daß die Frage schon falsch gestellt ist, denn diese Formulierung unterstellt im gewissen Sinne, daß wir frei wären, zu wählen. Nämlich: entweder die Arbeitszeit zu verkürzen oder dies nicht zu tun. Tatsächlich aber haben wir in der Bundesrepublik Deutschland Arbeitszeitverkürzung. Und zwar in einer Form, wie sie ökonomisch nicht kostenträchtiger und menschlich nicht belastender sein kann. Man hat nämlich zweieinhalb Millionen Menschen, um es einmal in einer groben Zahl zu sagen, die Arbeitszeit um 40 Stunden pro Woche gekürzt und ihnen eine Null-Stunden-Woche verordnet. Das nennen wir „arbeitslos sein“. Arbeitslose tragen also schwer an einer radikalen Form der Arbeitszeitverkürzung. Deshalb heißt die Frage also nicht: Arbeitszeitverkürzung ja oder nein, denn wir haben sie in einer ganz bestimmten Form. Die Frage muß heißen: Arbeitszeitverkürzung in welcher Form und für wen, damit wir anderen die Arbeitszeit wieder heraufsetzen können, statt der Null-Stunden-Woche beispielsweise eine 36-Stunden-Woche.

Frage: Nun sind Sie Professor für Christliche Sozialwissenschaft. Kann denn die katholische Soziallehre aus ihren Forschungen, aus ihren Erkenntnissen heraus so etwas wie Material oder wie ein Fundament für diese Diskussion liefern?

Kirche und auch die Wissenschaft Einspruch erheben und sagen: dieser Zustand, der muß geändert werden. Dabei kann man aus den Prinzipien und Grundsätzen der katholischen Soziallehre nicht die einzelne Form zwingend ableiten. Aber daß jeder ein Recht auf Arbeit hat, das läßt sich sehr wohl ableiten. Sicher, dieses Recht ist nicht ein einklagbares Recht. Aber die Grundsätze im ökonomisch-gesellschaftlichen Bereich müssen so gesteuert werden, daß in absehbarer Zeit dieses Recht auch verwirklicht werden kann. Arbeitslosigkeit ist kein Naturphänomen. Ich behaupte auch für die Bundesrepublik: Sie ist nicht importiert, sondern ist hausgemacht durch Fehlsteuerungen, und die Ursachen müssen aufgedeckt werden. Hier hat auch die Kirche eine Aufgabe, darauf zu dringen, daß die Quellen und die Wurzeln der Arbeitslosigkeit offengelegt werden und daß alle gesellschaftlichen Gruppen, besonders die Tarifpartner, an einer Lösung aktiv mitarbeiten und daß sich niemand einer Lösung einfach verweigern darf.

Frage: Kann die Kirche denn nur solche allgemeinen grundsätzlichen Forderungen aufstellen oder gibt es sogar so etwas wie einen katholischen Standpunkt zur Arbeitszeitverkürzung?

Schneider: Nun, hier stellt sich die Frage, wer ist die Kirche. Die Kirche ist die Gemeinschaft aller Getauften, geleitet von den Dienstämtern der Bischöfe und des Papstes. Man kann nun nicht sagen, daß kraft katholischer Glaubenslehre man für oder gegen Wochenarbeitszeitverkürzung ist. Man kann auch nicht sagen für oder gegen Lebensarbeitszeitverkürzung. Man kann nur sagen, daß die katholische Sozialethik und Theologie eine ganz tiefe Begründung für die Arbeit beisteuern kann im gesellschaftlichen Dialog, die die anderen Disziplinen nicht beisteuern können. Der Psychologe weiß, daß der Ar-

Lothar Schneider

veröffentlicht hat. Darin sagte er, daß der Mensch seine Gottebenbildlichkeit dadurch verwirklicht, daß er arbeitet. Das ist ein ganz tiefer und fundamentaler, und ich will hinzufügen, katholischer Aspekt im Hinblick auf die Arbeitswelt. Wir arbeiten nicht nur, um zu leben und zu essen, um unsere Familien zu ernähren, sondern in der Arbeit vollendet und beteiligt sich der Mensch mit am Schöpfungswerk Gottes. Und gerade darin verwirklicht er seine Gottebenbildlichkeit. Wenn ich das als Glaubender kenne, dann muß ich als Ökonom und als Tarifpartner auch die letzte Phantasie aktivieren, um einen Weg aus der Sackgasse zu finden. Denn die Arbeitslosigkeit selbst ist eine Sackgasse, und zwar eine Sackgasse, aus der wir bald heraus müssen. Die katholische Theologie der Arbeit zeigt uns die große Würde des Menschen auf, der arbeitet. Und deshalb kann darauf nicht leichtfertig verzichtet werden.

Frage: Sie sehen offenbar in der Arbeitszeitverkürzung einen Ausweg aus dieser Sackgasse. Ist denn Arbeitszeitverkürzung nur auf die Lebensarbeitszeit bezogen zu sehen, also früher in Rente, oder kann man beispielsweise längeren Urlaub als eine Form von Arbeitszeitverkürzung sehen oder eine Verkürzung der Wochenarbeitszeit?

Schneider: Sie sprechen die verschiedenen Formen von Arbeitszeitverkürzungen an. Die schlimmste,

genannten Vorruhestandsregelung, und die dann auch später gefragt wurden. Und da hat sich nun folgendes ergeben: die Menschen sind zunächst begeistert von der Idee, daß sie früher aus dem Arbeitsleben ausscheiden können. Sehr viele Menschen sind da ganz klar dafür. Wenn man diese Leute aber Monate nach ihrem frühen Schritt in den Ruhestand erneut befragt, dann fühlen sie sich oft unglücklich und sind in keiner Weise noch mit der Entscheidung zufrieden. Deshalb warnen uns die einschlägigen Forscher vor der leichtfertigen Frühverrentung der Menschen. Ich selber neige dazu, daß wir die Wochenarbeitszeit als die entscheidende normale Größe verändern müssen. Wenn man in die Geschichte blickt, dann kann man sagen: die Wochenarbeitszeit ist von der 80-Stunden-Woche über die 68- und 60-Stunden-Woche, 50-Stunden-Woche über die 48-, 45- und 42-Stunden-Woche im öffentlichen Dienst auf die 40-Stunden-Woche reduziert worden, und wenn Sie die Argumente lesen, die man damals hören konnte, es sind fast die gleichen wie heute. Sie könnten einfach abgeschrieben sein. Und deshalb glaube ich, daß die 40-Stunden-Woche nicht in der Schöpfungsordnung grundgelegt ist, sondern daß auch hier der Produktivitätsfortschritt es ermöglicht, den gleichen Güterberg in kürzerer Arbeitszeit zu erstellen und gar einen größeren und daß die daraus zu ziehende Schlußfolgerung lauten muß: laßt uns doch alle schon in der Woche weniger arbeiten, um dann den Menschen eher eine Art freiwillige und auch schleichende Pensionierung je nach ihren Wünschen zu ermöglichen. Die Professoren in Deutschland werden mit 65 emeritiert oder pensioniert. Aber wenn man überlegt, mit 58 müßten alle Leute in den Ruhestand treten, dann wäre die ganze Führungselite der katholischen Kirche im großen Maße über diesem Alterslevel. Deshalb glaube ich auch, wir sollten gesamtgesellschaftlich uns nicht der Intelligenz und der Erfahrung der Berufstüchtigkeit der Älteren begeben, sondern wir sollten die Kraft und die Nerven, Muskeln und Schaffenskraft der Leute dadurch erhalten, daß wir sie in der Woche nicht unnötig fordern.

Frage: Wie könnte denn eine solche Verkürzung der Wochenarbeits-

R 4924 A

Mittelbayerische
Z E I T U N G
Tages-Anzeiger

Nummer 109 / Mittwoch, 8. Mai 1985
Kath.: Wolfhild, Friedrich v. Hirsau, Klara Fey Ev.: Gregor von Nazianz um 390
Mittelbayerische Druckerei und Verlags GmbH, 8400 Regensburg, Postfach, ☎ (09 41) 20 71
1,– DM

„Die Vier-Tage-Woche kommt"

Bonn (dpa). Der wirtschaftspolitische Sprecher der FDP-Bundestagsfraktion und frühere Bundeswirtschaftsminister Otto Graf Lambsdorff sieht für die Arbeitnehmer bereits eine Vier-Tage-Woche am Horizont. In einem von der FDP-Fraktion verbreiteten Interview meinte Lambsdorff, wenn die Arbeitslosigkeit beseitigt werden solle, seien flexiblere Arbeitszeiten und „natürlich" auch weitere Arbeitszeitverkürzungen notwendig, die schließlich zur Vier-Tage-Woche führen würden. Man werde es sich aber nicht leisten können, teure Anlagen mit kostspieligen Maschinen drei Tage in der Woche – Freitag, Samstag und Sonntag – stillstehen zu lassen. Deshalb werde künftig samstags, vielleicht auch sonntags gearbeitet werden müssen.

Donnerstag, 9. Mai 1985 - 40 Pf
Nr. 107/19 • FRANKFURT-AUSGABE • C 5545 A ★★★★

Bild
FRANKFURT
UNABHÄNGIG · ÜBERPARTEILICH

Arbeiten wir bald 9 Stunden?

Arbeiten Millionen Arbeitnehmer bald wöchentlich nur noch an vier Tagen je 9 Stunden? Die IG-Metall ist zu solchen Regelungen offenbar bereit. Ihr Chef Hans Mayr: „Bei künftigen Arbeitszeitverkürzungen gibt es viele Möglichkeiten der Flexibilisierung".

Sein Modell: Arbeitgeber und Gewerkschaften vereinbaren eine weitere Wochenarbeitszeitverkürzung für alle. Die einzelnen Betriebe entscheiden zusammen mit ihren Belegschaften, wie die Arbeitszeit verteilt wird. **Weiter Seite 2**

Seite 2 • BILD • Frankfurt, 9. Mai 1985

9-Stunden-Tag: Produktion billiger, neue Arbeitsplätze?

Fortsetzung von Seite 1

Wenn nur noch 36 Stunden pro Woche gearbeitet werden, könnten sie auf vier Tage mit neun Stunden verteilt werden. Damit die teuren Maschinen aber die ganze Woche laufen, müßten die Arbeitnehmer abwechselnd von Montag bis Donnerstag oder von Dienstag bis Freitag arbeiten.

Dann würde die Produktion sogar 45 Stunden pro Woche laufen – das ist billiger als bisher und schafft neue Arbeitsplätze.

Auch denkbar:

● Arbeiter könnten z.B. drei Stunden frei machen, etwa um zum TÜV zu fahren, die Fehlzeiten später wieder aufholen. Heute müssen sie sich dafür einen Urlaubstag nehmen.

Mehr Freizeit im Sommer

● In der Autoindustrie könnte in auftragsstarken Zeiten wie Frühjahr und Herbst fünf Tage, im Sommer aber nur vier Tage gearbeitet werden: Gut für Industrie und Beschäftigte, die mehr Freizeit in den schönen Sommermonaten hätten.

Wochenende ist tabu

● Abwechselnd könnte eine Woche 45 Stunden (wenn viele Aufträge da sind), die andere Woche 27 Stunden (wenn Flaute herrscht) gearbeitet werden.

Allerdings:

Arbeit am Samstag oder Sonntag, wie Arbeitgeber oder Graf Lambsdorff vorschlagen, lehnt Mayr ab: „Am freien Wochenende lassen wir nicht knabbern".

WELT am SONNTAG

Nr. 21 · 26. Mai 1985 · Preis 2,40 DM Ausgabe W*

WIRTSCHAFT

Seite 29

Eine flexible Vier-Tage-Woche mit neun Stunden pro Tag brächte Arbeitsplätze

Eine jüngste Untersuchung des Nürnberger Instituts für Arbeitsmarkt- und Berufsforschung (IAB) und des Münchner IFO-Instituts gibt Hoffnung, die Arbeitslosenzahlen doch schneller als vielfach befürchtet herunterzubringen.

In einer Betriebsbefragung in der Industrie und im Einzelhandel bestätigte sich, was vielfach vermutet wurde: Die Firmen könnten ihr Arbeitsplatzangebot sofort spürbar erhöhen, wenn die Nachfrage gesichert erscheint und die Arbeitszeiten flexibler gestaltet werden.

Die Flexibilisierung hat allerdings danach nur dann einen nennenswerten Beschäftigungseffekt, wenn die Jahresarbeitszeit verkürzt wird.

Um die hierdurch ausgelöste Personalkostenerhöhung pro Arbeitsstunde aufzufangen, müßten die Industriebetriebe ihre Produktionsanlagen pro Tag oder Woche länger als bisher nutzen.

Im Durchschnitt der gesamten Industrie könnte sich nach den Absichtserklärungen der befragten Unternehmen die Betriebszeit um gut 10 Prozent, von derzeit 61 auf 67 Wochenstunden erhöhen.

Der Dreh- und Angelpunkt dieser Beschäftigungsstrategie ist also die Entkoppelung von persönlicher Arbeitszeit und von Betriebszeit. Der einzelne Arbeitnehmer müßte nach diesem Konzept im Jahresdurchschnitt weniger Stunden als heute arbeiten. Er müßte dafür aber in Kauf nehmen, daß es zu einer Änderung im Arbeitsrhythmus kommt.

Ein Beispiel für eine neue Arbeitszeitregelung wäre eine

● KONJUNKTUR DER WOCHE

Von Gernot Nerb

rollierende Vier-Tage-Woche mit jeweils neun Arbeitsstunden. Die eine Woche würde also zum Beispiel von Montag bis Donnerstag, die nächste Woche von Dienstag bis Freitag etc. gearbeitet werden, wobei in vielen Branchen auch der Samstag nicht tabu sein dürfte.

Für viele Arbeitnehmer dürfte eine solche flexible Regelung kein Opfer darstellen, sondern einen Gewinn, da sich hierdurch im Jahr öfter zusammenhängende freie Tage ergeben.

In der angesprochenen Untersuchung wird zwar nicht versucht, den Beschäftigungseffekt einer solchen Entkoppelung von persönlicher Arbeitszeit und Betriebszeit zahlenmäßig exakt abzuschätzen.

Für eine erhebliche Größenordnung spricht jedoch, daß rund die Hälfte der Industriefirmen bei einer flexibeln Arbeitszeitregelung zusätzliche Vollzeitkräfte, und ein Drittel zusätzliche Teilzeitkräfte einstellen wollen.

Die Mehrheit der Firmen (63 Prozent) rechnet sich hierdurch sogar die Chance für eine Ertragsverbesserung aus, da die Produktionanlagen besser ausgelastet werden.

Als Fazit bleibt festzuhalten: Wir brauchen in der Bundesrepublik, ähnlich wie in den meisten anderen europäischen Industrieländern, in den nächsten Jahren erhebliche Zuwächse bei den privaten und öffentlichen Investitionen.

Gleichzeitig muß aber der bestehende Kapitalstock besser ausgelastet werden. Nur so lassen sich in gesellschaftlich und politisch vertretbarer Zeit spürbare Erfolge bei der Bekämpfung der Arbeitslosigkeit erzielen.

INDUSTRIEMAGAZIN
Unternehmen · Märkte · Technologien

August, Nr. 8.
München 1987
S. 41-45

Neue Chancen für clevere Unternehmer

...zah-
...Moser
...n Tarif
...en Aus-
...e Vorteile
...die Arbeits-
...sonalen Pro-
...anpassen und
...e die Mitarbeiter mehr
...rteilungsspielraum. Ziel
...enzierungsspielraum pro
...en bisherigen plus/minus
...Stunden zu erweitern, was
...ativen Ausgleichssaldo von
...n ergibt.

Auch die Differenzierung zwischen 37 und 40 Wochenstunden beabsichtigt Webasto fortzuführen. Zehn Prozent der

...nur noch 135, und für dieses Jahr rechnet Moser „mit einer

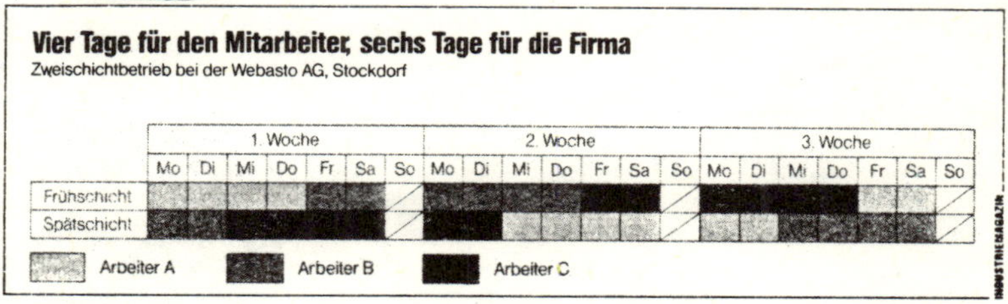

daß Webasto vom Herbst bis zum Frühjahr den Auftragseingang nur mit Saisonkräften und zahlreichen Überstunden bewältigen konnte, während die Mitarbeiter in den Sommermonaten nicht ausgelastet waren. Den Leber-Kompromiß nutzte die Betriebsleitung zu einer Regelung, wonach die Arbeitszeit eines Mitarbeiters im Monat um plus/minus zehn Stunden schwanken konnte, was im Ku-

Das Webasto-Management will die neuen Flexibilisierungsmöglichkeiten durch den Tarifvertrag voll ausschöpfen, also Arbeitszeit und Betriebszeit entkoppeln, die Mitarbeiter unterschiedlich lange arbeiten lassen sowie Teilzeitarbeitsplätze für Frauen einführen.

Hermann Moderegger (l. im Bild) ist Vorstandsmitglied, Hans Peter Moser Personalchef der Webasto AG

ganz minimalen Zahl". Auch die Überstunden im Betrieb reduzierten sich von durchschnittlich 3000 pro Monat (1985) auf 2300 im vergangenen Jahr. Tendenz weiter sinkend.

Aufgrund des im Mai 1987 abgeschlossenen Tarifvertrages wollen Moderegger und Moser den Flexibilisierungsspielraum noch intensiver nutzen. Vier Tage für den Mitarbeiter, sechs Tage für den Betrieb, heißt die Faustregel ihres geplanten Zweischichtensystems. Dabei sollen die Mitarbeiter vier Tage in der Woche jeweils in Früh- und Spätschichten neuneinviertel Stunden am Tag arbeiten.

Überdies streben die Webasto-Manager an, die Betriebszeit durch Einbeziehung des Samstags auf 55 Stunden in der Woche auszudehnen, während die Mitarbeiter nur 37 Stunden arbeiten (siehe Grafik). Als Ausgleich für die Samstagsarbeit erhalten die Mitarbeiter zusammenhängende Freizeitblöcke bis zu fünf Tagen.

Eine große Chance für die Betriebsleitung, Kosten zu sparen. „Denn eine Stunde weniger Betriebszeit erhöht die Maschinenfixkosten um zwei bis drei Prozent", rechnet Moser vor. Aus den eingesparten Kosten will die Webasto-

Belegschaft – vorzugsweise Ingenieure und bestimmte Facharbeitergruppen arbeiten 40 Stunden, zehn Prozent 37.

Flexible und differenzierte Arbeitszeiten erfordern bessere Vorbereitung und Planung, sowohl im Vorstand als auch bei den Vorarbeitern und Meistern. Um ihnen das Arbeitszeitmanagement zu erleichtern, will Moderegger sie im nächsten Jahr mit Computern ausrüsten. „Dann kann der Meister sofort am Bildschirm ablesen, wer wie viele Unter- oder Überstunden hat, und entsprechend disponieren."

Überdies planen die Webasto-Manager flexible Teilzeitarbeitsplätze für Frauen einzuführen. Die Basis bilden ganze Arbeitstage zu jeweils acht Stunden.

Danach arbeitet beispielsweise eine Mitarbeiterin die erste Woche von Montag bis Mittwoch, hat dann einen Freizeitblock von fünf Tagen und kommt in der folgenden Woche Donnerstag und Freitag in den Betrieb. Umgekehrt arbeitet ihre Kollegin in der ersten Woche lediglich am Donnerstag und Freitag, in der zweiten Woche von Montag bis einschließlich Mittwoch. Im Schnitt erreicht dabei jede Mitarbeiterin 20 Stunden in der Woche.

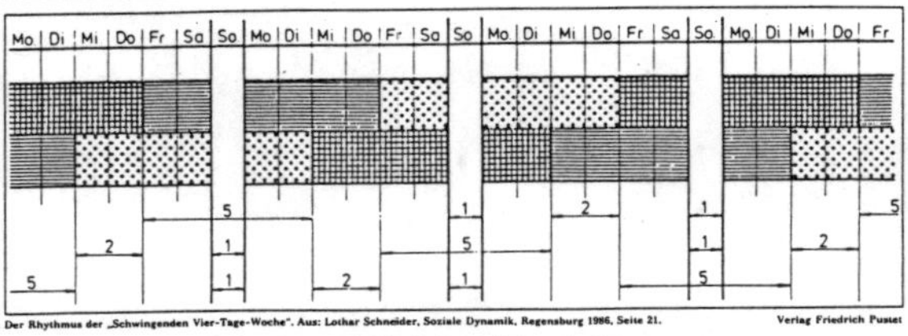

Der Rhythmus der „Schwingenden Vier-Tage-Woche". Aus: Lothar Schneider, Soziale Dynamik, Regensburg 1986, Seite 21. Verlag Friedrich Pustet

Lothar Schneider

Wie die Arbeit sozial verträglich und zugleich flexibel gestaltet werden kann:

„Schwingende 36-Stunden-Woche" als Modell

Von Prof. Dr. Lothar Schneider, Katholisch-Theologische Fakultät der Universität Regensburg

Am sozial unverträglichsten – das muß hier an erster Stelle klar und deutlich gesagt werden – ist die für rund 2,5 Millionen Menschen erzwungene „Nullstundenwoche", also die Arbeitslosigkeit selbst. Und das in einem Land, das durch seine Wirtschaftstätigkeit mit dem Ausland 1986 und 1987 einen in dieser Höhe bisher noch nie erzielten Reingewinn verzeichnen konnte: Allein in diesen zwei Jahren wurde die Bundesrepublik um 140 Milliarden DM reicher!

Diese Arbeitslosigkeit vor dem Hintergrund des Reichtums muß nun endlich – und zwar bald – überwunden werden, denn sie ist unmenschlich, deshalb unerträglich und auf Dauer auch unbezahlbar! Die ausufernde Staatsverschuldung ist keineswegs ein zeitlich begrenzter „Ausrutscher", sondern die zwingende Folge dieser absurdesten aller Formen, die Arbeit zu verteilen: Für 90 Prozent der Arbeitsbevölkerung soll die volle Arbeitszeit erhalten bleiben, für 10 Prozent hingegen wird die Arbeitszeit radikal auf eine „Nullstundenwoche" verkürzt. Absurd in jeder Hinsicht! Dabei kann und darf es nicht bleiben. Das ist sozial völlig unverträglich.

Doch, so wird mancher nun fragen, gibt es denn ein erfolgversprechendes Mittel, um aus dieser Sackgasse herauszukommen? Die Antwort lautet klar und in jeder Hinsicht: Ja! Allerdings sucht man dieses schnell wirkende Penicillin gegen die Massenarbeitslosigkeit unter den mit viel Medienlärm öffentlich diskutierten Vorschlägen noch weithin vergeblich. Diese Medizin heißt: „Schwingende 36-Stunden-Woche" an vier Tagen für die Menschen, aber an sechs Tagen für die Nutzung der Firma. Am Sonntag wird nicht gerüttelt!

Aus zwei werden drei Arbeitsplätze

Betrachten wir diese „wunderbare Brotvermehrung von Arbeitsplätzen" zunächst einmal aus der Sicht der Unternehmer. Denn, nur wenn unser Vorschlag zu bezahlen ist, kann er auch verwirklicht werden. Unbezahlbare Träume bleiben Utopie. Deshalb müssen wir uns vor allem die Tatsache bewußt machen, daß das teuerste in der modernen Wirtschaft nicht – wie das öffentliche Klagelied vermuten läßt – die Stundenlöhne sind, sondern die Investitionskosten für die bloße Errichtung eines Arbeitsplatzes. Wie unser Schaubild zeigt, werden auf zwei vorhandenen Arbeitsplätzen (vgl. die beiden horizontalen Bänder) nun drei Mitarbeiter beschäftigt (vgl. die drei verschiedenen Muster = drei verschiedene Mitarbeiter). Der Sonntag bleibt immer frei; um ihn schwingt die 4-Tage-Woche wie ein Pendel um einen festen Punkt. Jeder Mitarbeiter kommt nur noch an vier Tagen in der Woche zur Firma, dafür aber wird dann die 9. Stunde am Tag zur Regelarbeitszeit, sie fällt so zugleich als mögliche Überstunde weg.

Praktisch sieht das so aus:

Otto arbeitete bisher mit seinem Kollegen Gerd gemeinsam von Montag bis Freitag – jeweils 8 Stunden – an einer Maschine. Es könnte auch in einem Friseurladen sein. Jetzt arbeitet Otto nur noch von Montag bis Donnerstag auf seinem Arbeitsplatz, allerdings nun 9 Stunden pro Tag. Das ist für ihn die 36-Stunden-Woche. Freitag und Samstag kann der neu eingestellte Karl-Heinz diesen Arbeitsplatz nutzen. Kollege Gerd arbeitet diese Woche von Mittwoch bis Samstag, er läßt am Montag und Dienstag seinen Arbeitsplatz für den neuen Mitarbeiter Karl-Heinz frei. Dadurch werden zwei vorhandene Arbeitsplätze von drei Menschen so besetzt, daß die Firma an sechs Tagen ihre Betriebsmittel je 9 Stunden nutzen kann. Das ist die 54-Stunden-Woche für das Unternehmen. Pro Woche und Schicht werden also die Maschinen und Anlagen besser genutzt. Dadurch aber können mit derselben Maschinenausstattung rund ein Drittel mehr Güter hergestellt werden als bisher. Angesichts der vollen Auftragsbücher einiger Firmen ist das die Erfüllung eines Wunschtraumes.

Warum sinken die Gesamtkosten?

Dadurch aber sinken die Hauptkosten in einem modernen Produkt – die sog. Fixkosten, das ist vor allem der Kapitaldienst an den teuren Maschinen – ganz entscheidend. Und das geschieht erheblich schneller als die zusätzlichen Lohnanteile steigen! Damit aber wird der volle Lohnausgleich möglich. Ja, wie durch ein Wunder, können sogar die Gesamtkosten noch sern können. Der „Schneeballeffekt" macht es möglich.

Um das bisher Gesagte richtig verstehen zu können, muß man sich folgendes klarmachen: In einem modernen Produkt – das gilt auch für eine moderne Dienstleistung (z. B. Universitätsklinik) – stecken drei Kostenarten: 1. Lohnanteile (= Lohnstückkosten, keineswegs der ganze Stundenlohn!), 2. Werksumlage (Fixkosten) und 3. Materialkosten. Wie verteilen sich nun diese drei Kostenarten z. B. auf ein neues Auto? Es könnte aber auch eine Zahnbürste sein. Wenn z. B. ein moderner Ford in Köln vom Band läuft, dann stecken in diesem Wagen kaum noch 17 Prozent Ford-Löhne. Allerdings wird man die Werksumlage, also die Fixkosten, auf rund 70 Prozent ansetzen müssen. Die Materialkosten von rund 13 Prozent sind geradezu eine Restgröße.

In der öffentlichen Diskussion wird diese Tatsache kaum dargestellt, ja sie scheint einigen völlig unbekannt zu sein. Stattdessen wird über die hohen Stundenlöhne gejammert, und zwar so, als ob wir diese auf dem Weltmarkt verkaufen würden. Tatsächlich aber verkaufen wir Stücke: Autos, Bücher, Zahnbürsten. Die entscheidende Frage lautet also gar nicht „Wie hoch sind die Stundenlöhne?", sondern „Wieviel steckt davon im einzelnen Produkt?".

Kostenergebnis: Die Firmen, die die „Schwingende 4-Tage-Woche" einführen, können rund 50 Prozent mehr Mitarbeiter einstellen, sie können – was viele Politiker und Manager immer noch nicht zu wissen scheinen – leicht den vollen Lohnausgleich bezahlen und dennoch – wie in einem Wunder – ihre Gesamtkosten zudem noch um ein gutes Stück senken. Sie können deshalb auch billiger ihre Produkte anbieten und so die Nachfrage fördern.

Hier soll nun die soziale Verträglichkeit auf den Prüfstand gestellt werden. An erster Stelle ist zu fragen, kann dieses Modell den Arbeitslosen entscheidend helfen? Wenn aus zwei Arbeitsplätzen leicht gemacht werden können, und man annimmt, daß von den 26 Millionen Arbeitsplätzen in der Bundesrepublik auch nur zwei Millionen für dieses Modell geeignet wären, dann könnte man darauf zum „Investitionsnulltarif" bereits eine Million Arbeitslose in Brot bringen. Sollten sich gar vier Millionen Arbeitsplätze finden, die das Modell der „Schwingenden 4-Tage-Woche" übernehmen wollen, so wäre damit zwei Millionen Arbeitslosen geholfen. Das ist noch mehr als bloß „sozial verträglich", das wäre wohl für die Arbeitslosen ein soziales Optimum!

Doch was für ein Opfer müßten die Arbeitsplatzbesitzer dafür bringen? Zweimal im Monat müßten sie nun samstags – zunächst etwa bis 15.00 Uhr – arbeiten. Später könnte diese Zeit weiter abgebaut werden. Da sie aber diese beiden Tage an einem Mittwoch/Donnerstag als Freizeit voll zurückerhalten, kann für die im Einzelhandel Beschäftigten der lange Samstag endlich abgeschafft werden. Umfrageergebnisse belegen, daß $^{1}/_{3}$ aller Betroffenen einen Tausch „Samstag gegen Mittwoch" billigen würden. Hier allerdings erhalten sie zusätzlich jeweils noch die 4-Tage-Woche, d. h. ja, am 5. Tag spart ein jeder den Weg zur Arbeitsstelle und zurück. Damit aber spart er nicht nur rund eine Stunde, sondern dünnt auch die „Rush hour" aus, spart „Nerven", Benzin, Unfallrisiko und Geld. Er schont den Wald und als Busbenutzer kann er sich an diesem 5. Tag nicht die asiatische Grippe holen. Jeden Samstag ab 15 Uhr kann er mit Freunden und der Familie zusammensein und wenn ein besonderer Anlaß es erfordert, dann kann er mit seinem Kollegen einen Tausch leicht vereinbaren. Diesen Tag hat der Kollege dann für seine Pläne zugute.

Einen großen Vorteil aber hat Otto durch die „Schwingende 4-Tage-Woche". Er hat endlich – ohne daß er Urlaub nehmen muß – „Freizeit am Stück". Der erste, vierte, siebte, zehnte usw. Sonntag im Jahr wird so zur Mitte von fünf freien Tagen „am Stück". Hier kann die Regensburger Familie endlich ohne Hast ihre Freunde in Hamburg besuchen, zudem an Tagen, an denen die Bundesbahnzüge leer sind, zu „rosaroten Preisen" reisen. Die Amsterdamer Tulpenschau ist nun greifbar nahe und selbst eine Fünf-Tages-Tour nach Paris findet dort preiswerte Hotels, weil nicht alle gleichzeitig im Wochenendstau und in der Hotelhalle stehen. Alles wird entzerrt. Streß wird abgebaut.

Das Gesamtergebnis:

Die „Schwingende 4-Tage-Woche" bringt Arbeitslosen schnell Arbeit, ermöglicht den vollen Lohnausgleich für alle, reduziert die Gesamtkosten und ermöglicht so niedrigere Preise, fördert die Wettbewerbsfähigkeit. Sie entzerrt die Stoßzeiten, spart Nerven, Benzin, schont den Wald, schafft endlich Freizeit „am Stück" und ermöglicht unter Kollegen den Arbeitstagtausch. Der Sonntag – einschließlich Samstag nachmittag – bleibt immer voll gewahrt! Um ihn schwingt die 4-Tage-Woche: sie strahlt Ruhe aus wie das Pendel einer alten Wanduhr.

Der Mittelpunkt allen Schaffens aber bleibt der Mensch. Dieser gute Ausblick hat allerdings eine entscheidende Voraussetzung: diese heißt nicht an erster Stelle Geld, Subvention oder Steuerreform, sie fordert vielmehr etwas typisch Menschliches, nämlich: geistige Beweglichkeit!

Warum BMW im neuen Werk Regensburg-Harting künftig Samstag-Schichten fährt:

Aus zwei werden in Zukunft drei Arbeitsplätze

„Regensburg-Regelung" bringt Mitarbeitern in fertigungsabhängigen Bereichen die 4-Tage-Woche

„Der Sonntag steht bei uns nicht zur Diskussion!" Dr. Bernd Kalthegener, zusammen mit Dieter Hendel Leiter des Regensburger Werkes der Bayerischen Motorenwerke AG (BMW), läßt keinen Zweifel, daß die im Mai anlaufende neue Arbeitszeitregelung keine Übergangslösung mit dem Endziel einer Einbeziehung des Sonntags ist. Vielmehr – so Personalleiter Gerhard Bihl – habe man schon seit Anfang der 80er Jahre an diesem Modell gearbeitet, von dem nun rund 80 Prozent der heute exakt 2814 BMW-Mitarbeiter im Werk Regensburg betroffen sind. Entscheidendes Ergebnis dieser Regelung: Die 4-Tage-Woche bei neun Stunden täglicher Arbeitszeit! Dies bedeutet, daß die Betriebszeit im Werk 6 künftig von Montag bis Samstag dauert. Dadurch ist es dem Unternehmen möglich, die Milliarden-Investition wirtschaftlich besser zu nutzen, während die BMW-Werker in den Genuß einer 36-Stunden-Woche bei vollem Lohnausgleich kommen.

Dr. Kalthegener verweist zwar auf die grundsätzliche Diskrepanz, die sich angesichts der

durchschnittlichen Jahresarbeitszeit in Japan (rund 2200 Stunden) und in der Bundesrepublik (1600) für die Wettbewerbsfähigkeit dieser beiden Kontrahenten auf fast allen Weltmärkten ergibt, dennoch legt er Wert auf die Feststellung, daß die 4-Tage-Woche in der Tat ein „Regensburg-Modell" sei. „Es wird von uns auch keineswegs als Pilotprojekt für den Konzern betrachtet", betont der Werksleiter. In Regensburg sei die neue Regelung nicht zuletzt deshalb möglich, weil hier ein Werk auf der „grünen Wiese" entstanden ist, mit einer völlig neuen Mannschaft, die von Anfang an mit den Samstag-Überlegungen konfrontiert worden war. Als entscheidend für die Realisierung der Betriebsvereinbarung erwies sich daneben, daß im Gegensatz zu den Verhältnissen im Werk Dingolfing mit seinem riesigen Einzugsgebiet 80 Prozent der Regensburger Mitarbeiter in einem 30-km-Umkreis zu Hause sind. Als durchschnittliche An- und Abfahrtszeit geht der Betriebsrat mit seinem Vorsitzenden Nikolaus Held von einer Stunde aus. Dies bedeutet ab Mai für die von dem „Regensburg-Modell" Betroffenen jährlich „44 Stunden weniger im Straßenverkehr", wobei der Betriebsrat auf Stau, Streß und Kfz-Abnützung verweist. Während die Kollegen in den Werken München, Dingolfing und Landshut an der 5-Tage-Woche festhalten und bei im Schnitt 44 Arbeitswochen auf 220 Arbeitstage im Jahr, kommen, gehen die Regensburger BMW-Mannen 44 Tage weniger zur Arbeit, freilich müssen sie auch an Samstagen schaffen. Dabei betonen Werksleitung und Betriebsrat übereinstimmend, daß für den einzelnen der Samstag auf Grund der individuellen Arbeitszeitregelung keineswegs in jeder Woche Arbeitstag ist. Vielmehr wechseln sich jeweils drei Mitarbeiter an zwei vergleichbaren Arbeitsplätzen ab. In diesem sog. erweiterten Ein-Schicht-Betrieb wird die Zusatzproduktion durch die Neueinstellung von rund 800 zusätzlichen Mitarbeitern abgedeckt, und nicht etwa durch Überstunden.

Nikolaus Held sieht diese Vereinbarung nicht zuletzt auch als Beitrag zur Bekämpfung der Arbeitslosigkeit in diesem Raum an. Er verweist

betrachtet die BMW-Regelung ebenfalls aus regionaler Sicht und hebt die Notwendigkeit hervor, nach einer Erprobungsphase (bis Juni 1989) die Belegschaft zu befragen. Er sei „kein Verräter" an irgendwelcher IG-Metall-Strategie, sondern versuche zusammen mit den Betriebräten aus den verschiedensten Versuchen die nötigen Erfahrungen zu sammeln – zum Wohle der Region und ihrer Menschen!

Die „Entkoppelung von betrieblicher und persönlicher Arbeitszeit" betrachtet BMW als neue Antwort auf aktuelle weltwirtschaftliche Herausforderungen. Schließlich sei der Industriestandort Bundesrepublik Spitzenreiter bei Entgelt und Freizeit, so daß die internationale Wettbewerbsfähigkeit eigentlich nur durch „Beherrschung der Kosten" und durch Spitzenprodukte von höchster Qualität gesichert werden könne. Dies gelte insbesondere für das BMW-Werk Regensburg, wo die Ziele „Qualitätssicherung" und „Nutzung der Investition" in Zukunft noch stärker gekoppelt werden sollen. Die Betriebszeit wird um 35 Prozent ansteigen. Wie Dr. Kalthegener betont, habe BMW schon heute 80 Prozent der im Ansiedlungsvertrag mit der Stadt Regensburg für 1992 zugesagten Arbeitsplätze geschaffen, und dies unabhängig von der noch nicht endgültig entschiedenen Frage des Karosseriewerks, das zusätzlich 800 neue Arbeitsplätze brächte!

Die positive Entwicklung des Regensburger BMW-Werks läßt sich vor allem an den Stückzahlen dokumentieren: Nach 35 000 Einheiten im vergangenen Jahr werden heuer 60 000 Automobile vomn Hartinger BMW-Band rollen! Die Anfragen im Personalbüro bei BMW halten übrigens unvermindert an, allein im Jahr 1987 waren es noch immer 7000. Bei den Motiven für eine Bewerbung rangieren die Verdienstmöglichkeiten nach einer Umfrage recht weit hinten. In erster Linie gehe es den Bewerbern um einen sicheren Arbeitsplatz, um Bildungsmöglichkeiten und Aufstiegschancen. Natürlich spielen auch die Sozialleistungen eines großen Unternehmens eine Rolle, wobei inzwischen die Dominanz der Facharbeiter oder Meister inzwi-

Frankfurter Rundschau
Druck und Verlag:
Druck- und Verlagshaus Frankfurt am Main GmbH
Geschäftsführer: Dr. Horst Engel (Vorsitzender), Franz Nabholz, Rudolf Kohlmeier
Postfach 10 06 60, Große Eschenheimer Straße 16—18, 6000 Frankfurt am Main 1

Chefredakteur und Vorsitzender der Redaktionsleitung:
Werner Holzer
Redaktionsleitung: Roderich Reifenrath — Horst Wolf
Chef vom Dienst: Christian M. Schöne
Verantwortliche Redakteure: Roderich Reifenrath (Seite 3); Dr. Karl Grobe-Hagel (Außenpolitik); Wolf Gunter Brügmann (Nachrichten); Horst Köpke (Kulturpolitik und Feuilleton); Jürgen Klotz (Wirtschaft); Horst Wolf (Frankfurt); Erwin Krauser (Hessen); Wolfgang Fleckenstein (Rhein-Main); Erich Stör (Sport); Peter Klinkenberg (Zeit u. Bild, Wissenschaft); Jutta Roitsch (Bildungspolitik und Dokumentation). Reporter: Karl-Heinz Krumm; Hans-Helmut Kohl. Weitere leitende Redakteure: Helmer Boelsen, Peter Iden, Wolfram Schütte, Lothar Vetter, Peter Ziller, sämtlich Frankfurt am Main, Große Eschenheimer Straße 16—18.
Bonner Büro: Eghard Mörbitz, Rolf-Dietrich Schwartz.

Herausgeber und Chefredakteur: 1946—1973 Karl Gerold

BONN (dpa) Lothar Schneider, Regensburger Professor für Christliche Sozialwissenschaften, hat eine „schwingende 36-Stunden-Woche" vorgeschlagen. Bei einer solchen 36-Stunden-Woche würden die Menschen an vier Tagen jeweils neun Stunden arbeiten, die Maschinen an sechs Tagen 54 Stunden. Da durch eine bessere Ausnutzung der Werksanlagen die ansonsten sehr hohen Fixkosten gesenkt werden könnten, sei der volle Lohnausgleich bei Einführung dieses Modells kein Problem. Der Sonntag wäre als Arbeitstag ausgeklammert, sagte Schneider vor Journalisten in Bonn.

Das neue BMW-Modell

Maschinen arbeiten 6 Tage, die Menschen vier Tage

Von E. BALFANZ UND H. HOFMILLER

Schwingende 36-Stunden-Woche? Schon mal gehört? 95 Prozent der 1800 Fließbandarbeiter von BMW Regensburg haben sich dafür entschieden. Folge: Sie haben seit 1. Mai die Vier-Tage-Woche, ihre Maschinen aber arbeiten an sechs Tagen.

Die „schwingende 36-Stunden-Woche" ist eine Idee des Regensburger Professors Dr. Lothar Schneider (49), der mit einem neuen Arbeitsmodell an sechs Tagen pro Woche je neun Stunden täglich arbeiten läßt.

Thema des Tages

Der einzelne Arbeiter aber braucht nur an vier Tagen insgesamt 36 Stunden am Fließband zu stehen.

BMW-Sprecher Dr. Rudolf Ebneth (41): „Wir mußten uns was einfallen lassen, um die Bänder besser zu nutzen." Deshalb interessierte sich die Autofabrik für dieses Modell. Das Werk kostete 1,3 Milliarden.

Im Werk wird nun statt bisher 38,5 Stunden nur noch 36 Stunden bei vollem Lohnausgleich gearbeitet. Das ist einmalig für den Bereich der IG-Metall.

Damit kann BMW auf zwei Arbeitsplätzen drei Leute beschäftigen – das bringt allein in diesem Jahr 800 neue Arbeitsplätze (von 2300 auf 3100). Ministerpräsident Franz Josef Strauß: „Im Endausbau wird es bis zu 5000 Arbeitsplätze geben.

Nach dem neuen Schichtsystem arbeiten die meisten Leute an zwei von drei Samstagen. Dafür aber haben sie alle drei Wochen fünf Tage hintereinander frei.

Und die Mitarbeiter? Fertigungs-Meister Gregor Schuhmann (33): „Ich hab' gleich zum Auftakt vier Tage frei gemacht."

Meine Frau hat jetzt viel mehr von mir

Manfred Paul (27), Lack-Nacharbeiter: „Meine Frau freut sich. Sie arbeitet im Krankenhaus samstags und sonntags, hat jetzt viel mehr von mir.

Josef Lindner (40), Qualitätskontrolleur: „Ich war Schreiner, 6 Monate arbeitslos. Für mich ist nur wichtig, daß ich Arbeit habe – dafür nehm' ich Samstagsarbeit gern in Kauf."

Bezirkssekretär Ludwig Huber (39) von der IG Metall in München: „Eine sehr, sehr bedenkliche Entwicklung. Unter der Samstagsarbeit leidet das Familienleben.

Donnerstag, 5. Mai 1988 - 50 Pf

Nr. 105/18 • DRUCK IN MÜNCHEN • C 8755 A ★★★

Bild

UNABHÄNGIG·ÜBERPARTEILICH

1 Z 3753 E

HIRSCHBERG

Monatsschrift des Bundes Neudeutschland Jahrg. 41 Nr. 5 Mai 1988

Persönliche Nachrichten

Professor Dr. Lothar Schneider, Sozialwissenschaftler an der Kath.-Theol. Fakultät der Universität Regensburg, entwickelte in 5jähriger Arbeit das Modell der „schwingenden 36-Stunden-Woche" (die Menschen arbeiten 4 Tage, die Maschinen werden 6 Tage ausgelastet), das nun erstmals vom BMW-Werk Regensburg übernommen wurde. Auf zwei Arbeitsplätzen kann BMW drei Leute beschäftigen, was allein in diesem Jahr 800 neue Arbeitsplätze bringt.

295

BKU

Diskussionsbeiträge

SONNTAG MUSS WIEDER SONNTAG WERDEN

mit Beiträgen von
Joseph Kardinal Höffner †
Bischof Franz Hengsbach
Cornelius G. Fetsch
Hans Heitzer
Ursula Männle

30. Mai 1988

Herausgeber: Bund Katholischer Unternehmer e.V.

Vorwort zur 4. Auflage

Innerhalb eines halben Jahres hat die Schrift „Sonntag muß wieder Sonntag werden" ihre 4. Auflage erfahren. Die große Nachfrage – vor allem aus dem Bereich der Katholischen Sozialverbände – zeigt, daß wir zum rechten Zeitpunkt ein heißes Eisen angepackt haben.

Das Thema Sonntagsarbeit gewinnt weiterhin an Bedeutung. Dies hängt besonders mit der öffentlichen Diskussion zusammen, die neuerdings unter dem Stichwort „Samstagsarbeit" und „Wochenende" geführt wird. Gewerkschaftliche und z. T. auch kirchliche Kreise treten dafür ein, neben dem Sonntag auch den Samstag von Erwerbsarbeit freizuhalten. Unter dem Schutz der theologisch fundierten Forderung nach dem erwerbsarbeitsfreien Sonntag, die wir voll und ganz unterstützen, soll „das von den Gewerkschaften erkämpfte freie Wochenende" nachgeschoben werden. Diese Forderung können wir als katholische Unternehmer grundsätzlich nicht akzeptieren.

So entschieden wir uns – unter ausdrücklicher Ausklammerung wirtschaftlicher Interessen – gegen die Sonntagsarbeit und für die Erhaltung bzw. Wiedergewinnung der ursprünglichen Sinngebung des Sonntags einsetzen, so eindeutig wenden wir uns gegen alle Versuche, auch den Samstag generell als Arbeitstag abzuschaffen und aus wirtschaftlichen Überlegungen zu streichen.

Stellt schon das in der Bundesrepublik Deutschland geltende Verbot der Sonntagsarbeit für manche Unternehmen im internationalen Wettbewerb – wegen der beschränkten Auslastung der Maschinenkapazität, d. h. einer reduzierten Maschinenlaufzeit – eine Benachteiligung dar, so würde die generelle Abschaffung der Erwerbsarbeit an Samstagen die Konkurrenzfähigkeit deutscher Produkte noch erheblich verschlechtern. Negative Auswirkungen auf den deutschen Arbeitsmarkt wären unvermeidlich.

Gerade unter dem Aspekt der Erhaltung und Schaffung von Arbeitsplätzen ist eine Flexibilisierung der Arbeitszeit dringend geboten. Dazu ist die Einbeziehung des Samstags in die Betriebszeit unbedingt erforderlich. Alle Modelle der Flexibilisierung der Arbeitszeit an den Werktagen verdienen ernsthafte Beachtung. Dazu rechnen wir auch das Modell einer „schwingenden 36-Stunden-Woche" des Regensburger Sozialethikers Professor Dr. Lothar Schneider, das im neuen BMW-Werk in Regensburg praktiziert wird und zusätzliche Arbeitsplätze geschaffen hat.

In der deutschen Wirtschaft ist – anders als die öffentliche Diskussion dies erscheinen läßt – die Samstagsarbeit nichts Außergewöhnliches. Nach einer Berechnung des Instituts der Deutschen Wirtschaft arbeiteten 1985 4,6 Millionen bundesdeutsche Arbeitnehmer, das sind etwa 21 % aller Beschäftigten,

NR.25 42. JAHRGANG, FREITAG, 17. JUNI 1988, PREIS 4,50 DM

Wirtschafts Woche

FLEXIBLE ARBEITSZEIT

Neues BMW-Modell

Die Arbeitszeitregelung in Unternehmen ist zum Experimentierfeld von Kostenrechnern geworden. BMW arbeitet im Werk Regensburg seit dem 2. Mai mit der 36-Stunden-Woche bei vollem Lohnausgleich.

Die Vaterschaft für das BMW-Modell verkünden mit stolzgeschwellter Brust gleich zwei: der Regensburger Professor für katholische Theologie Lothar Schneider und die Personalzentrale der Bayerischen Motoren Werke AG, die 1983 sechs unterschiedliche Schichtenmodelle mit Nacht-, Samstags- und Sonntagsarbeit sowie kürzeren Arbeitszeiten schuf.

Ausgangspunkt war die Entscheidung, in Regensburg ein neues Automobilwerk zu bauen. Die Kosten der Milliardeninvestition sollten durch eine gleichmäßige Auslastung der Maschinen gesenkt werden. Sonder- und Mehrschichtmodelle wurden wegen der erwarteten Verschlechterung der Autokonjunktur abgelehnt. Die „schwingende 36-Stunden-Woche" schnitt betriebswirtschaftlich besser ab.Es wurde um Mitarbeiterakzeptanz gerungen. Das Ergebnis trägt den Titel: 36-Stunden-Woche im erweiterten Ein-Schicht-Betrieb.

Der Arbeiter steht vier Tage in der Woche am Fließband. Die tägliche Arbeitszeit steigt von 7,5 auf 9 Stunden. Die Bänder laufen sechs Tage pro Woche, also 54 Stunden. Der Sonntag bleibt arbeitsfrei, der Monatslohn erhalten.

Die Auslastung der Maschinen kann um 35 Prozent gesteigert werden. Somit verringert sich der Fixkostenanteil am fertigen Produkt auf wenig mehr als 50 Prozent. Um das Produktionsniveau konstant zu halten, wurde in dem betroffenen Betriebsbereich die Belegschaft um 800 auf 2600 Beschäftigte erhöht. Wie Betriebsratsvorsitzender Nikolaus Held betont, sei die Schaffung von Arbeitsplätzen ein wichtiges Argument der Arbeitnehmer für die Zustimmung zu diesem Modell gewesen.

Der Theologe Lothar Schneider sieht auch in anderen Branchen Umsetzungsmöglichkeiten. Jedes Unternehmen mit hohem Fixkostenanteil könnte die Konkurrenzfähigkeit erhöhen. Selbst der Friseur um die Ecke, so rechnet er vor, profitiere von diesem Modell. Er könnte seinen Laden auch montags offenhalten. Die Kostenersparnis bewege sich immer noch in der Größenordnung von einem bis drei Prozent.

Der Clou an der „schwingenden 36-Stunden-Woche" ist, daß der Lohnkostenanteil weit weniger steigt, als die Fixkosten fallen. Im BMW-Modell ergibt sich eine Kostenersparnis von zehn Prozent. Der Leiter der Öffentlichkeitsarbeit Rudolf Ebneth vom Regensburger Werk: „Es rechnet sich."

Dennoch denkt man bei BMW derzeit nicht an eine Umsetzung des Modells in den anderen Werken. Die Ursachen sind freilich nicht wirtschaftlicher Natur. Vielmehr verweist BMW darauf, daß dieses Arbeitszeitmodell nur möglich sei, weil ein neues Werk mit neuer Belegschaft keine gewachsenen Strukturen besitzt. IG-Metall-Mitglied Held spricht von „alten Zöpfen, die man anderswo nicht so leicht abschneiden kann".

Die große Mehrheit der Arbeitnehmer und der Betriebsrat – alles Mitglieder der IG Metall – stimmten der Vier-Tage-Woche zu. Probleme, so Held, gibt es bei den Leuten, die in Sportvereinen engagiert sind. Aber „seit Einführung der Arbeitszeitverkürzung vor einem Monat ist die Akzeptanz weiter gestiegen". Denn der einzelne Arbeitnehmer arbeitet nur

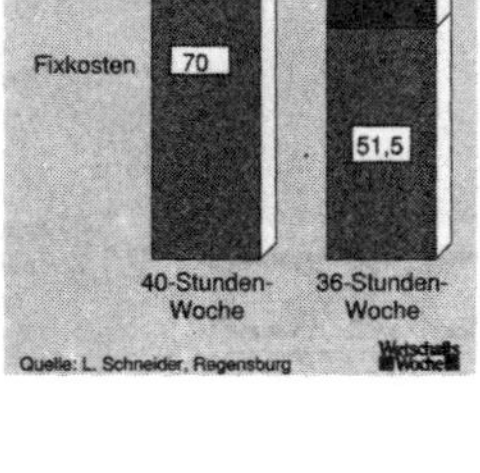

Fertigungsstraße bei BMW in Regensburg: Laufzeit der Maschinen erhöht

Nr. 7, Juli 88

Regensburger BMW-Belegschaft: *Nur noch vier Wochentage ans Band*

ARBEITSZEITVERKÜRZUNG: BMW PRESCHT VOR

Ausgerechnet das Konzept eines Theologen ist es, das jetzt bei BMW-Regensburg in die Praxis umgesetzt worden ist. Nach den Berechnungen Lothar Schneiders – er ist Theologieprofessor an der Universität Regensburg – können Unternehmen durch Arbeitszeitverkürzung bei vollem Lohnausgleich Kosten einsparen. Vorausgesetzt, die Maschinen laufen auch samstags.

Die BMW AG war von diesem Konzept schnell überzeugt. Rudolf Ebneth, Leiter der Öffentlichkeitsarbeit: „Es rechnet sich!" Seit Mai 1988 ist im Regensburger Werk die 36-Stunden-Woche „im erweiterten Einschichtbetrieb" verwirklicht. Die Arbeitnehmer arbeiten nur noch vier Tage in der Woche. Gleichzeitig haben sie einmal im Monat einen zusammenhängenden Freizeitblock von fünf Tagen. Die Sonntage bleiben arbeitsfrei. An jedem Arbeitstag werden allerdings neun Stunden abgeleistet. Damit geht das Modell deutlich über ähnliche Vorschläge anderer Arbeitszeittheoretiker hinaus, die für den Samstag lediglich eine verkürzte Schicht am Vormittag vorsehen.

Schneider jedoch sieht in seinem Arbeitszeitmodell der „schwingenden Vier-Tage-Woche" viele Vorzüge:

- Die Arbeitnehmer haben zusammenhängende Freizeitblöcke bei vollem Lohn.
- Die Unternehmen senken ihre Kosten durch verbesserte Auslastung um bis zu 20 Prozent.
- Die Arbeitslosigkeit wird abgebaut, da aus zwei Arbeitsplätzen drei werden.
- Die Umwelt wird geschont, da beispielsweise Wegekosten in Milliardenhöhe wegfallen.
- Die Sozialversicherung kann entlastet werden.

Nach Überzeugung Schneiders ließe sich diese Liste weiter fortsetzen. Vor allem einen entscheidenden Vorteil sieht er in der allgemeinen Anwendbarkeit seines Konzepts: „Nahezu jedes Unternehmen, unabhängig von der Betriebsgröße, kann dieses Modell übernehmen."

Das Konzept hat allerdings auch Nachteile: Außer dem längeren Arbeitstag fällt vor allem ins Gewicht, daß viele BMW-Werker in Regensburg nun häufiger ihre Freizeit allein verbringen müssen – weil die Kinder in der Schule sind und die Ehefrau oder die Freunde arbeiten müssen.

8

Namenverzeichnis

Quellennachweis

1 Beitrag in: Jahrbuch für Christliche Sozialwissenschaften, 27. Bd., Münster 1986, S. 229–240.
2 Sendung durch Radio Charivari, Regensburg, am 10. April 1988.
3 Beitrag in: Wolfgang Beinert, (Hrsg.): Den Glauben weitergeben, Regensburg 1986, S. 62–74.
4 Beitrag in: ders. (Hrsg.): Braucht Liebe (noch) die Ehe?, Regensburg 1988, S. 11–19.
5 Predigt zum Goldenen Priesterjubiläum von Prälaten Professor Dr. Franz Groner, Bonn, 8. Februar 1987.
6 Primizpredigt für Augustinus Wallenhorst, Georgsmarienhütte, 14. Dezember 1986.
7 Predigt zur Taufe von Luitpold Deutzer in St. Emmeram, Regensburg, 11. Januar 1988.
8 Vortrag vor der Zentralversammlung des Kolpingwerkes Deutschland, Mainz, 22. November 1986.
9 Gastvorlesung an der Katholischen Nanzan-Universität, Nagoya, Japan, in englischer Sprache, 19. September 1986. Vgl. auch Lothar Schneider: Subsidiäre Gesellschaft, Paderborn ²1985.
10 Vortrag vor der Diözesanversammlung des Kolpingwerkes des Erzbistums Köln, Wuppertal, 13. September 1987.
11 KKV-Diözesanverband des Erzbistums Köln (Hrsg.): Arbeit teilen, Köln 1988, S. 5–20.
12 Mittelbayerische Zeitung (Hrsg.): Die Bundesrepublik im Wettbewerb, Beitrag: »Schwingende 36-Stunden-Woche« als Modell, Regensburg, 29. April 1988.
13 Vortrag im Rahmen des Katechismus-Kollegs des Katholischen Bildungswerkes der Stadt Regensburg, Teil I, 10. März 1987.
14 Vortrag im Rahmen des Katechismus-Kollegs des Katholischen Bildungswerkes der Stadt Regensburg, Teil III, 9. Februar 1988.
15 Geleitwort zu Helmut Lehmler: Wiesdorf anno dazumal, Leverkusen 1987, S. 6.